국어순화정책

1

사단
법인 **국어순화추진회** 세종학
연구원

「국어순화정책」 창간호를 내면서

　올해는 훈민정음 창제 570돌의 해이자 훈민정음 반포 567돌의 해로서 갑오경장 119돌의 해이다.
　그리고 금년은 한글전용법 제정 65돌의 해로서 우리 국어순화추진회의 전신인 한글전용국민실천회가 창립된 지 45돌이 된 해이기도 하다.
　한글전용국민실천회는 1968년 12월 21일 경기여자고등학교(당시 광화문 소재) 강당에서 한글학회, 세종대왕기념사업회, 민족문화협회, 민족문화추진회, 한글전용추진회, 배달문화연구원, 삼일회, 한국자유교양추진회 등 26개 문화단체 대표와 학계, 교육계, 문화계 등의 인사들이 발기 창립하였다. 이로써 국어 순화와 한글 전용 및 국어 정책의 범 국민 운동을 할 문화단체 연합회가 정식으로 발족하게 되었다. 본 회는 창립 직후 정부, 국회, 정당에 한글 전용 및 바른 국어 사용에 대한 건의와 자문을 하고, 관공서와 각 단체에서 국어 순화에 대한 무료 강습, 순우리말로 이름 지어 주기, 한글 문패 달아 주기 등등의 사업을 하였다.
　특히 본회가 1976년 지금의 국어순화추진회로 개편되면서부터는 국어 순화를 위한 월례 조찬회와 학술대회 및 국어 운동 단체 대표자 연수회 개최 등의 사업을 하고, 또 국어 순화에 관한 연구서 「국어 순화의 길」, 「나라 글 사랑과 이해」, 「우리말 순화의 어제와 오늘」 등을 발행 보급함으로써 국민들의 언어 문자 생활에 도움이 되었다고 생각한다.
　그런데 오늘의 21세기 국제화 세계화 시대 정보화 사회에 접어들면서, 한글이 더 빛나고 있지만 우리 사회에서 우리말이 처한 현실을 볼 때 마음 놓을 만큼 그리 좋기만 한 것은 아니다. 아직도 역사 발전의 인식이 부족한 일부 지식인들의 한자말의 조어 및 사용 운동, 외래문화 도입에 따른 외래말, 외국말의 남용, 비어와 속어로 인한 오염, 통신 언어의 무분별한 사용으로 인한 깨끗한 토박이말과 맞춤법 파괴 형상 등등을 생각할 때, 국어 순화 운동을 재검토 체계 있게 추진하지 않으면 안 되게 되었다.

　그러므로 우리 회는 금년을 맞이하여 그 동안의 사업을 검토하고, 앞으로 국어 순화에 대한 연구를 하여 학술지 「국어순화정책」을 발간하기로 하였다. 그리고 그 동안 순화 대상 용어를 정부나 본회·한글학회 등 각 기관(단체) 및 개인이 순화한 순화 용어들 수집, 이를 재검토 정리한 「순화어」들을 한데 묶되, 이를 「국어순화정책」 본문 뒤에 붙이기로 하였다. 이에 따라 지난 12월 20일 세종대왕기념관 강당에서 「국어순화정책 학술대회」를 거행하였거니와, 이번에 처음 내는 이 학술지에는 그 학술대회에서 주제 발표한 세 분 국어 학자의 연구 논문과 우리 회가 수집 검토 새로 정리한 순화어 중 「생활 순화어」(일부)를 함께 실어 「국어순화정책 1」을 발간한다.

　우리 회가 새로 발간하는 이 학술지 「국어순화정책 1」이 국민 각자로 하여금 깨끗하고 바른 언어 생활, 즉 품격 있는 언어 문자 생활에 많은 도움이 되었으면 하는 마음 간절하다.

　끝으로 우리 회가 「국어순화정책 학술대회」를 개최하고, 학술지 「국어순화정책」 창간호를 발간함에 있어 학술대회에서 알찬 학습 발표를 해 주시고 또 논문을 보내주신 세 분의 국어 학자님과, 순화한 생활순화용어 등을 수집 정리하여 주신 분과 심의 검토하여 주신 분, 학술대회와 학술지 발간을 위해 후원해 준 한글재단에 감사의 말씀을 드리고, 이 학술지를 맡아 발행해 준 세종학연구원과 관계자 여러분에게도 감사의 말씀을 드린다.

2013년 12월 27일

사단법인 국어순화추진회 회장 박 종 국

국어순화정책
I · 2013

※차 례※

「국어순화정책」 창간호를 내면서 ················· 박종국······1

<논 문>

우리말 순화의 원리−우리말의 세계화를 내다보면서−
················· 김석득 (연세대학교 명예교수)······5

한국말 가다듬기−국어 순화의 목표와 방법−
················· 김정수 (한양대학교 교수)······19

청·소년의 비규범 국어 사용 실태와 지도 방안
················· 성낙수 (한국교원대학교 교수, 외솔회 회장)······29

<부 록>

국어순화와 국어순화추진회의 발자취
················· 박종국 (국어순화추진회 회장)······57

생활 순화어 ················· 87

우리말 순화의 원리

― 우리말의 세계화를 내다보면서 ―

김 석득(연세대학교 명예교수)

1. 우리말 순화의 뜻

'우리말 순화'란, 본디 우리말이 아닌 말들이 우리말에 섞이어 우리말을 잡스럽게 한 (또는 하고 있는) 말들을, 일반 대중이 정보 교환(기계화 세계화를 포함한)에 어려움이 없도록 손을 대어 쉽고 올바른 우리말 되게 다듬질하는 일이다.

어렵고 잡스러운 현상은 어디에서 왔고, 또한 오고 있나? 그것은, 첫째, 남의 문자에 기댄 문자의 역사, 둘째, 그 문자의 힘에 따른 남 숭배와 문자 계급 사상, 셋째, 식민 정치 역사가 남긴 것, 넷째, 이들의 깨달음 없음은 물론, 오늘의 힘 있는 말이 온 누리의 문화를 좀먹는 줄도 모르고 이에 점점 취해 감, 들에서 온 또한 오고 있는 것이다.

이러한 역사의 과정과 현실에서 끊임없이 뿌리 내리려는 말글의 잡스러운 현상을 보는 앎(인지)의 눈은 두 가지 대립 개념으로 나타난다. 그것은, 큰 깨침의 눈으로 보는 '순화'와, 어렵고 잡스러움에 손대어 다듬질하지 아니하는 '반 순화'의 대립 개념이다. 또한 그것은 정보 의식의 면에서, '정보 민주화'와 '정보 특권화'의 대립 개념이기도 하다. 이를 더욱 보편적인 것으로 이끌어내어 보면, 겨레 얼 문화 지킴으로서의 '우리됨 삼기'(우리 되기를 바탕으로 삼는 일)와 이런 눈이 어두운 채 그대로 있거나 남의 문화를 섬기는 '남됨 삼기'의 대립 개념이라 하겠다.

2. 대립의 뿌리 -언어관(말 철학)에서 본-

위와 같은 대립의 뿌리는 무엇일까? 다시 말하면 이러한 대립의 현상이 겉으로 벌어지는 사람의 본 바탕(속뜻)은 무엇일까? 오늘날 사람의 뇌를 전문으로 연구하는 이들은, 사람은 <u>본시 무한의 것을 창조 생성하는 힘(능력)</u>을 가지고 있다고 본다. 말을 철학으로 밝히는 전문가들은 그 <u>뇌에는 말(언어)을 청조하는 능력이 있으며, 이 말은 본질적으로 한없이 생성하는 힘(말의 힘)을 가진 속뜻으로서의 '있음'(존재)</u>이라 한다. 하이데거가 밝힌 <u>"말은 '있음(존재)의 집"</u>이라 한 것도 '<u>말의 속힘</u>'을 상징한 표현이다. 말의 철학자들은 이러한 속힘을 가진 말이 밖으로 드러나 쓰일 때는 그대로 있는 것(에루곤)이 아니라 <u>한없는 생성의 힘을 쓰는</u>(에네루기아: 좋은 힘뿐 아니라 그 반대로 작용하는 힘까지도) 이른바 '<u>말의 힘</u>'을 인정한다(훔볼트, 바이스겔바 같은 말 철학자). 뇌의 연구 전문가에 따르면, 사람의 <u>뇌세포의 얼개는 98할이 말의 지배를 받는다</u>고 한다. 말의 힘이 겨레의 얼 문화와 세계상을 형상화한다고 볼 수 있는 근거가 여기에 있다. 그러므로 <u>말에는 정신과 행동을 지배하는 힘 곧 '말의 힘'이 있음</u>을 알 수 있다.

따라서 말이 좋은 쪽으로 힘을 부릴 때는 더욱 이를 북돋우어야 하고, 그 반대쪽으로 힘을 쓰는 것에 대해서는 손을 써서(대어서) 다듬거나 솎아내야 하며, 그 솎아낸 자리에는 한껏 슬기를 부리어 새말을 애지어(창조) 내야 한다. 이는 <u>주어진 창조 능력에 불을 지피어 말의 힘 철학을 인식함</u>으로써 말에 손을 대거나 창조할 수 있다고 보는 <u>말의 순화론</u> 쪽이다. 이 순화론 쪽은 <u>미래 지향의 창조적 합리주의 철학</u>에 가깝다. 이러한 합리주의 관점은 새로움과 깨달음이 끝없는 창조를 생성하는 <u>미래지향주의 사상</u>이다.

말의 순화에 소극적이거나 반대하는 쪽은, 말은 자연 발생하는 것이지, 창조물이 아니라는 것이다. 그러므로 이 쪽에서는, 어려운 말이건 역사가 엮어낸 것이건 들어오는 말이건 잡스러운 말이건 결코 손을 대서는 안 된다고 한다. 이러한 언어관에서는 손을 댈 수 없는 것이 문화 형성의 참 길이라고까지 한다. 이는 주어진 창조 능력에 불을 지피기는커녕 깨달음과 미래의 새로움을 창조하는 생성의 속 힘 의식에는 무딘 채, 다만 겉 현상만을 인식하는 <u>자연 현상주의 사상</u>이라 하겠다. 또한 그것은 주어지는 현상(자극)을 걸러내지 않고 있는 그대로 받아 움직이는 <u>행동주의 심리</u>에 가깝다고도 하겠다. 한편 주어진 현재의 처리를 오로지 지나온 습관에 따라 어려운 말 만들기에 초점을 맞추는 일이 있으니, 이는 미래의 이상보다는 뒤만 돌아보는 <u>복고주의 사상</u>에 가깝다고 할 수 있겠다. 어제 오늘의 우리말 순화 론과 그 반대론과의 대립 현상은 그 마음의 속 뿌리(속 심리)에 알게 모르게 자리 잡은 이러한 <u>정반대의 언어심리와 철학</u>이 밖으로 이루어지는 대립 투쟁이라 하겠다.

  역사의 과정에서 세종을 보자. 세종은 지난 <u>역사의 현실을 마음으로 깨닫고</u>, 우리 <u>겨레의 끝없는 앞날을 이상</u>으로 삼아, 그때의 나라안팎의 정치적 위험을 안고서도, 애오라지 <u>겨레의 민주 정보 문화 창의</u>를 위하여, 고난의 길을 오히려 도도히 걸었다. 그리고 그 뜻한 바를 슬기롭게 이루었다. 세종이야말로, 세종 자연인에게 주어진 창의 능력과 말글의 힘을 아울러 깨치고 이를 수행함으로써, 때와 얼안(시공간)을 넘어 겨레와 인류 역사에 뚜렷한 금을 그은 겨레의 은인이요, 인류 슬기의 승리자이다. 그러한 <u>세종의 정신을 잇는 이들</u>을 생각해 본다. 주 시경 선생의 언어관('말은 나라 있음의 기틀', 국어문법 서, 1910)과 <u>그 뒤를 이어 온 분들</u>, 어제 오늘 저 많은 <u>우리 말글 사랑 운동에 앞선 이들과 여러 학술단체들</u>, 그리고 <u>여러 전문 분야에서 말 다듬기의 노력과 실천에 이바지한</u>(하고 있는) 이들, 뿐만 아니라 그러한 <u>경향성</u>을 점점 세차게 보이는 새로운 세대들, 이들의 말 철학의 바탕을, 속으로 캐어 들어가면 모두 <u>한결같이 깊은 한 뿌리(미래지향의 창조주의)</u>에 속함을 알게 된다(여기에서 말의 철학자 훔볼트나 바이스겔바를 떠올리게 됨도 자연스러운 일이다.). 이러한 한 뿌리의 실천은 반대쪽(자연현상주의, 복고주의)과의 <u>겨룸</u>을 전제한다. 물론 겨룸이란 사람 삶에서 있을 수밖에 없는 보편 현상이기도 하다. 오히려 <u>분수에 맞는 겨룸</u>은 발전을 끌어내는 자극이 될 수도 있다. 그러나 분수를 넘는 겨룸은 발전에 오히려 해를 끼친다. 광복 이후의 우리 말글의 오르내림의 이음 선은 이러한 겨룸의 분수 차에서 오는 현상이다. 그런데 틀림없는 것은, 그 오르내림의 마지막 화살표는 늘 더 높은 자리에서 위를 향하고 있다는 사실이다(↗↘↗). 이는 늘 겨룸의 승리가 뿌리 깊은 창조의 힘에 있음을 상징하는 것이다.

3. 우리말 순화의 실천 원리

1) 창의 능력과, '따름수 원리'(함수원리)

말글을 다듬는 일은 말에 손을 대는 일이요, 손을 댄다는 것은 자연의 말을 잘 고치거나 새로이 만들 수도 있다는 뜻이다. 이 과정에서 당사자는 스스로 창조 능력을 받은 자연인임을 확신한다. 이를 바탕으로, '이론의 값(x)에 따라 실천의 값(y)이 따라 움직이는 힘의 원리' 곧 '따름수 원리'(함수논리: $y=f(x)$)를 이해해야 한다. 이는 '실천의 값은 이론의 힘과 같은 비(정비례)다'와 비슷한 논리이다. '이론'은 '왜, 어떻게' 그 말이 창안 되었나'를 우리말의 덧붙는 말 계통에 맞도록 논증하는 것이다. 이 논증의 힘은 곧 실천의 힘에 미친다.

2) 말글의 힘의 원리

왜 말글을 다듬는가? 말글은 사람의 정신세계이요, 사람의 얼을 지배하는 힘의 주체이기 때문이다. 얼이 빠진 사람은 그 '있음'의 까닭이 없다. 참사람은 올바른 말을 간직한 '참 있음'이다. 이는 나라와 겨레에도 그대로 적용된다. 인류 역사의 흥망에는 그 바탕에 말의 힘이 있다. 다른 나라를 지배(식민화)하려는 나라는 먼저 그 나라의 말글을 빼앗는다. 지배를 당하는 나라는 말 지키기에 목숨을 아끼지 않는다. 그것은 '말은 곧 있음'이기 까닭이다. 오늘도 많은 나라에서는, 세계를 지배하려는 오직 하나의 언어정책에 알게 모르게 말려들고 있다. 어림수로 본 5천의 세계 언어는 힘센 나라 말에 밀리어 해마다 거의 25개가 죽어간다고 한다(프로드 아쉐주. '죽어가는 말을 살리자', 프랑스, 2000에서). "언어의 강요는 사상의 강요이다"라고 새삼스러운 경고까지 한다('렉스푸레스' 3169호, 6쪽, 프랑스, 2012). 이 강요의 휘말림에서 제 말의 힘을 잃는 나라는 생각의 자유와 함께 고유한 얼 문화를 잃는다. 이것은 인류 문화의 한 잃음이기도 하다. 인류 문화를 지키기 위해 '죽어가는 말을 살리자' 라는 논저(앞든)가 나온 근거도 이에 있다. 여기에서, 모든 나라말은 그 나라의 '있음'의 까닭임을 다시 되새기게도 된다.

말을 다듬는다는 것은 이 '말글의 힘의 원리'를 이해하면서, 부정의 쪽에 손을 대고 긍정의 쪽을 더욱 새로운 생성의 쪽으로 북돋우는 일이다.

3) '우리됨 삼기' 원리

그러면 말 다듬기는 누구를 위한 일인가? 그것은 나를, 우리(나라, 겨레)를, 그리고 나아가서 온 누리를 위한 것이다. 온 누리를 위함은 우리의 세계화의 이상을 실현해야 할 까닭이다. 곧, 말의 다듬기의 정신 공간은 바로 '우리'이요, 말 다듬기에서는 곧 '우리됨 삼기'가 바탕이다. 이는 '남됨 삼기'와 대립하는 개념임을 이미 밝힌 바 있다. 이 대립의 한 보기를 든다. 가령 어떤 외래어가 들어오는 과정을 보자. 이때 사람의 뇌의 활동 방향은 그 힘의 움직임에서 '우리됨 삼기'와 '남됨 삼기'로 갈린다. 이것이 행동을 지배하는 말의 다듬기와 그 반대를 부른다. 그런데 이때에 주의할 것은 '우리됨 삼기'는 '남됨'을 다만 대립의 현상으로만 그저 둘 것이 아니라 '남됨'을 '우리됨'으로 이끌어 들이는 노력을 아끼지 말아야 한다. 이를 위하여 사람 삶에서 '우리 있음'이 무엇인가를 깨치는 의식 변화를 일으키는 방법을 여러 면에서 찾아내야 할 것이다. 한 편, '우리됨'은 남의 나라를 배척하는 좁은 국수주의사상은 결코 아니라는 것이다. 그것은 우리가 올바른 우리 되는 우리 얼 중심 잡기를 실현하고 또한 실현하면서 세계로 나아감('우리를 알고 세계에 나아가라')이 우리의 이상이기 까닭이다. 이 이상은 독선이 아닌 온 누리가 함께 발전하는 것(세계화)을 전제하는 것이다. 이 '우리됨 삼기'와 '세계화'는 우리가 마음 두어야 할 인식의 대상이다.

4. 말 다듬기의 실제에서 알아 둘 것들

1) 말 다듬기의 대상과 인식의 보편성

(1) 말 만들기 —그 대상('말 만듦 법'의 테두리)

'말 다듬기'를 대상의 쪽에서 보면, 이미 있는 어려운 말이나, 새로운 사리와 사물의 뜻을 가지고 들어왔거나 들어오고 있는 말, 곧 '들온 말'(외래어)로 갈린다. 이들은 우리말로 알기 쉽게 다듬거나 새로 만들어야 하는 대상이니, 이는 '말 만듦 법'의 테두리에 든다. 그러므로 잘못 쓰이는 이론적 말본 문제도 넓은 뜻에서 다듬기의 테두리에 들 것이나 이 글에서는 따로 다루지 않는다. 보기를 들면, '저의 나라, 저의 겨레'; '너무 좋다', 들에서, 앞 것은 우리말의 '더 낮춤법과 더 높임법'에서, 우리 '겨레'나 '나라'는 더 낮춤의 대상이 아닌 데 쓰인 잘못된 것이요, 뒤 것은, 부정의 앞에 쓰이는 '너무'가 긍정의 앞에 쓰인 잘못된 것이다. 이런 것들은 좀 길고 학리적 말본 론 테두리에 들어가므로, 다른 글로 미루고 여기에선 다루지 않기로 한다. 또한 오늘의 홍수를 이루는 줄인 영자 말이나, 뒤틀리게 줄인 한글 글자말 따위도 다듬기의 테두리에 들지만, 이들은 이 글 앞뒤의 일반론 안에서 암시되는 바, 각론의 대상으로 삼지는 아니 한다.

(2) 말 다듬기의 또 다른 갈래로 본 대상

이미 있는 어려운 말이나 들온말을 말 다듬기의 또 다른 갈래의 쪽에서 보면, 그 대상은 '일반 용어'와 '전문 용어'로 크게 갈린다. 일반 용어는 일반 정보(입말, 글말, 기계 정보) 말의 다듬기이니, 이는 일반 대중에게 관계 된다. 여러 가지 전문 용어는 주로 그 특정 분야 전문가에 관계된다. 그러나 이 또한 일반인의 관계를 아주 벗어나는 것은 아니다.

(3) 인식의 보편성

앞의 두 가지((1), (2)) 대상을 다듬는 과정에서 이끌리는 <u>인식의 보편성</u>을 생각해 본다. 그것은, <u>첫째</u>, 우리의 마음가짐이다. 곧 이들 관계되는 말들을 대할 때 있는 현상 그대로 송두리째 받을 것이 아니라, 우선 <u>제3세계</u>(중간 세계, 또는 객관의 세계)에 옮겨 놓자. 둘째, 이들에 대한 '<u>우리됨 삼기</u>'로 마음을 다지자. <u>셋째</u>, 사람 자연인에게 보편적으로 <u>주어진 창의의 힘</u>에 불을 붙이자. 넷째, <u>깊·넓게 더듬어 살핌</u>(모색)과, <u>뒤받침 이론을 동원</u>하자. <u>다섯째,</u> 모든 것을 고치려는 것은 불가능하다. 그러나 <u>고치는 수와 그 효용 수는 같은 비(정비례) 또는 따름수 관계(y=f(x))</u>임을 인식하자. <u>여섯째,</u> 잘 고치어 말밭에 새로 심은 것은 곧 새로운 생명을 얻게 됨이 일반적이지만, 사항에 따라 처음에는 서투르지만, 때의 흐름에 따라 <u>생명이 점점 붙어 감을 인식하자.</u> 이 생명이 붙어 가는 과정은 많은 경험을 거쳐 사람의 마음의 눈을 직관 화하는 자연스러운 인식 과정이다. 이러한 인식 과정을 거친 것은 때가 되면 <u>사전의 올림말</u>로 오른다. 끊임없이 새로움을 창안하여 마지않는 자연 사람의 말이 바로 <u>모두 사전의 올림말이 된다는 뜻은 아니다.</u> 고정된 <u>사전 말은 언어의 뇌가 끊임없이 생성하여 살아 움직이는 말을 따르지 못한다.</u> 그러나 때가 오면 그 올림말이 될 수 있음이 사전의 특성이다. <u>일곱째,</u> 모든 말은 애오라지 <u>한글로 적음이 원칙</u>임을 인식하자. 한글은, 최소의 수가 무한의 수를 창조하는 생성의 힘을 가진 '<u>끈 이론</u>'의 결정체이기 때문이다.

2) 말 다듬기의 구체적 대상의 처리

위와 같은 보편적 인식 아래, 말 다듬기의 대상을 보면 두 가지로 갈린다. 하나는 '<u>한자말</u>'이요, 다음은 '<u>들온말</u>'이다.

(1) 한자말

한자말에서, 다듬기의 구체적 대상의 <u>첫째</u>는 '<u>어려운 한자말</u>'이다. 이에는, 역사적 이유에서 이미 있는 것, 이제도 만들어지고 있는 것, 이웃 나라에서 들어오고 있는 것들이 있다. 다듬기 대상의 <u>둘째</u>는 '<u>같은 소리 다른 뜻 말</u>'(동음이의어)이다.

(ㄱ) 어려운 한자말을 다듬는 일

한자말 가운데, 한글로 적거나 정보를 주고받을 때 곧바로 우리말로 직관되는 것은 말 다듬기의 우선 대상은 아니다. 그러함에도 이 경우에도 여러 가지 말 쓰임의 환경에서 <u>뜻이나 말맛의 효과를 위해서</u> 집고 넘어가야 할 일을 놓쳐서는 안 된다(보기: <u>學校→학교~배움집</u>. "이 배움집에 모인 젊은이들이여! 슬기와 덕성을 닦아,…" 여기 '배움집'은 '학교'와 말맛이 다르다). 어려운 한자로 쓴 한자말은 다듬기의 우선 대상이다. 그런데 어려운 한자말을 <u>한글로 적으면 말밑(어원)을 알 수 없으니</u>, 그대로 두어야 한다는 주장(보기: 瑕疵→하자, 贈賂→증뢰, 禿山→독산, 無脊椎動物→무척추동물, …)이 있다. 이 주장은, 그러면 때를 다투어 주고받는 말살이(끝없이 발전하여 마지않는 정보 기계화의 앞날도 생각하면서)에서도 하나하나 한자로 된 한자말의 말밑을 따져가며 대화를 해야 한다는 뜻인가(불경언해나 성경 한글본의 힘의 바탕이 과연 무엇인가를 생각하면서), 혹은 옛날의 문자의 <u>비민주적 특권 의식</u>을 그리워하는 속마음의 드러냄인가. 한글로 적은 어려운 한자말은 앞에 말한 인식의 보편성을 생각하면서, <u>사람에게 주어진 창의의 힘을 다하여</u> 쉽게 다듬어야 한다(위의 보기에서: 하자→흠, 증뢰→뇌물 줌(주기), 독산→민둥산, 무척추동물→민등뼈동물, …물론 이보다 더 나은 말로 다듬을 수도 있다는 <u>문은 늘 열려</u> 있다. 모든 일에는 '<u>완전</u>'이란 없다.). 이것이 지식 정보의 발전과 민주화를 위하여 나아갈 길이다.

(ㄴ) '같은 소리 다른 뜻 말'(이른바 '동음이의어') 다듬는 일

'<u>같은 소리 다른 뜻 말</u>'이 되는 경우도 우선 다듬기의 대상이 된다. 사실

'같은 소리 다른 뜻 말'은 온 인류의 말에는 본질 상(분별 수의 심리적 경제성) 있는 것으로, 그것은 문맥, 말의 맥(화맥), 운율 따위로 뜻의 분별을 할 수 있는 것이다. 그렇다 하더라도 모든 정보(끝없이 발전하는 기계화를 포함)를 부드럽고 빨리 알기 쉽게 할 수는 없을까 의 살펴 찾음(모색)은 필수의 과제이다. 그런데도 한글로 옮겨 적으니(보기: 靜肅→정숙) 그 말밑 곧 어원의 뜻을 모르겠거니와, 또한 '같은 소리 다른 뜻 말'이 생겨나서 ([靜淑, 整肅, 貞淑, 情熟, 精熟]→정숙1-6) 혼동이 일어나므로, 한자로 되돌려 적어야 한다(靜肅←정숙)고 주장한다([한자말 정숙1-6]←[정숙1-6]: 말밑, 뜻 변별 어려움). 그 해결의 살펴 찾음(위 보기에서: 靜肅→정숙→고요하고 엄숙함, 또는 조용히, ...)은커녕 한자로 되돌아가야 한다고 세우는 심리의 흐름은, 저 살펴 찾는 창의와 진취의 기상과는 사뭇 다른 뒤만 보는 흐름이다.

(2) 들온말
들온말(외래어)은, 주로 영어권의 말(이 밖의 다른 나라의 말도 포함)이 들어오면서 어려운 한자말로 바뀌는 것과, 영어권의 말이 그대로 들어오는 것으로 나누어 볼 수 있다.

(ㄱ) 어려운 한자말로 바뀐 것
들어오는 다른 나라 말은 직접 받을 것이 아니라 우선 제3세계에 놓아야 한다. 그 다음 '우리됨'을 바탕 삼아, 걸러내는 과정을 거쳐, 새로이 창안하는 쉬운 새말 만들기가 이루어져야 한다. 그런데 이 원리를 버리고 어려운 한자로 된 한자말을 만드는 일이 있다(보기: mouse and foot disease→口蹄疫, ...). 이러한 것은 영어를 곧바로 우리말로 다듬거나, 이미 만들어진 어려운 한자말을 좀 쉬운 말로 다듬거나 해야 한다.(위의 보기에서: 영어→입 발굽 병, 口蹄疫→입 발굽 병, ...)

(ㄴ) 주로 영어권의 말(다른 나라말도 포함)이 그대로 들어온 것

이에 해당하는 말의 보기 현상은 여러 분야에서 그 도를 넘는다. 그러기에 그 자세한 풀이는 피한다. 이를 어떻게 할 것인가의 원칙 문제는 위에 말한 것을 되새겨 보면 알겠지만 다만 두서너 보기를 들어둔다. 'land mark', 'house poor', 'take out'라는 말을 대하는 사람이 일으키는 마음의 움직임은 다음 세 가지로 나타난다. ① 그대로 영자를 쓰거나 영어 발음으로 말하려는 마음, ② 어려운 한자말을 만들어 한자로 쓰려는 마음, ③ 우리말로 만들어 한글로 쓰려는 마음 들이 그것이다. 이를 마음의 속뜻으로 살피면 ①과 ②는 이른바 '남됨'과 '특권의식이요, ③은 '우리됨'과 '창의의 힘'의 움틈이다.

3) 말 만들기의 자료 발굴과 부리는 슬기

있음(존재)의 빈터를 채워 앞날의 빛을 보려는 이들과 이를 반대하는 이들의 차이는, 심리와 의식의 흐름으로 볼 때, 그것은 참된 앞날을 따르는 순리와 이를 거스르는(역 순리) 차이라 하겠다. 순리는 앞으로 미는 힘(기상)을 준다. 나아감의 어려움을 넘고 넘어 순리의 흐름을 따랐기에, 오늘날 우리의 민주적이고 높은 지식(정보) 문화는 세계화를 엮어가는 역사적 힘의 현실에까지 와 있다. 이러한 순리를 따르는 말의 힘을 마음에 두고 다음을 보자.

정보의 교환이란 어려운 한자말의 말밑(어원)을 낱낱이 따져가며 하는 것도 아니다. 좀 쉬운 것은 거의 대상을 직접 이해하는(직관) 것이다(보기: 子弟→자제(아들 아우?)→아드님). 오히려 덧붙는 말 계통인 우리말의 특징에 맞는 말을 창안하여 말밑을 쉽게 함으로써 뜻과 정서와 느낌이 가볍고 넉넉한 우리말이 되게 해야 한다. 여기 말을 창안하는 데 필요한 슬기로운 자료의 부림을 요구한다. 우리의 창의 능력을 자극하는 자료에는, 어떤 것이 있을까.

첫째, 표준말 밖의 저 풍요로운 '시골말'(방언)이 있다. 여기에는 우리의 고유한 토박이말과 함께 우리의 역사의 전통 문화를 안고 있다(토박이말사전, 방언사전 들 참고). 이들은 오늘의 새로운 사리와 사물을 밝히는 말 쓰임의 자산이 될 것이다.

둘째, 우리가 부릴 수 있는 말 자산에는 풍부한 옛 문헌에 담긴 중세어나 고대어 등 옛말, 그리고 근 현대 문학 작품들에 담긴 새말이 있다. 물론 이들은 이용할 수 있는 자료일 뿐 아니라 또한 그 본을 따라 스스로 창안하는 창조의 힘을 돋우는 큰 자산이다. 가령 '겨레'는 본디 '같은 부류'의 뜻인데(결에 족(族) 신증유합 1576, 상 13; 소학언해 1586, 육 26), 이 뜻을 확장하여 '민족'의 뜻으로 쓰게 된 것이다. '겨레'는 최 현배 선생이 처음 쓴 '결레'가 변한 것이다. ('조선민족갱생의 도'(1926)의 동아일보 연재본을 연세대학교 출판문화원에서 펴낸(2012), '외솔 최 현배 전집' 1의 66회 끝 쪽에서, '결레'로 나옴). 주의할 일은 이로써 '민족'이란 말을 버리라는 뜻은 결코 아니라는 것이다. 옛말 자료와 관련하여, 또 다른 보기를 든다. '마루'는 훈몽자회 상 32에서 쓰인 'ᄆᆞᄅᆞ 종(宗)'에서 온 것이다. 이는 '중심, 꼭대기, 첫째가는'의 뜻이니(보기: 산마루, 물마루, 지붕마루, 마루터기, ...), 온갖 사리와 사물, 상태, 그 밖의 여러 상황에서 널리 활용할 수 있을 것이다.

셋째, 우리말의 특성인 형태 구조론(합성, 파생, 굴곡)과 형태의미론, 그리고 형태통어론의 이해는 '말 만듦 법'의 언어과학의 바탕이 될 것이다(글쓸이(1994): 우리말 형태론, 쪽, 223-292.).

넷째, 또한 우리말의 소리바탕(음성자질), 곧 닿·홀소리가 가진 [연·거셈·됨], [밝·어둠], [크·작음], ... 들에 따른 '뜻이나 말맛' 따위 상징어의 감성적 인지능력을 필요로 한다. 다음 보기를 든다. 生→생→삶, 存在→존재→있음, 됨, 등에서 '있-', '살-, 되-'에 붙은 '(-으)ㅁ'은 기운찬(생기) 움직임을 상징한다. 이 상징음이 붙은, '삶', '있음', '됨'은 우주 모든 현상이 기운찬 창조의 활동과 진행을 하는 생각(이데아)과 마주친다. 여기에서, 우주의 현상 가운데서도 가장 활발한 삶의 살음이 사람이라는 '살음철학'을 이끌어내기도 한다(최 현배: '조선만족갱생의 도'(1926), '서언' 쪽). 이것은 '있음의 철학', '사람됨의 철학'에까지 펼쳐지는 인지의 힘을 불어넣어 주기도 한다. 또한 다음을 보자. 세상 말은 소리 바탕이 '사람의 성별'(대체로 [ㅁ]여성, [ㅂ]남성)을 상징하는 큰 분포를 이루고 있다. 이를 마음에 두고 우리의 보기를 든다: '彼女→피녀→그녀→그미'; '단미', '그림비' 들은, 그 받아드림 문제는 두고라도, 그 특성을 따른 것임을 알 수 있다. 위의 보기들에서 이미 알아차렸겠지만, 음성 상징에서는(다른 경우에서도) 말 심리학, 말 철학, 말 사회학, 일반언어학들과 녹아 합쳐서(융합) 새로운 상징어를 생성하는 '녹아 합침의 원리'(수리논리: $\alpha+\beta \Rightarrow \alpha\beta \Rightarrow \gamma$)의 문이 열려 있다(참고: 말 연구에서는, 위에서 암시했지만, 말의 문제와 연계되는 분야, 곧 인지론, 말 심리학, 조음생리학, 말 사회학, 말 철학, 뇌 과학, 정보 기계학, 들과 녹아 합쳐 한층 높아지는 새로운 창안의 이론, 곧 '녹아 합침의 원리'를 동원해야 한다. 이는 모든 연구 분야에서도 참이다: $\alpha+\beta \Rightarrow \alpha\beta \Rightarrow \gamma$, $\alpha_\gamma \infty \beta_\gamma$). 다섯째, 쉽게 풀이한 긴 월을 슬기롭게 줄이어 짧은 이은말로 만들어낼 수 있다는 넓은 공간이 열려 있음도 알아야 한다. 물론 이 과정에서는 사리와 사물의 현상을 통하여 그 내면 세계를 꿰뚫어 보는 '속뜻'의 인지 능력이 필요하다. 말 다듬기의 길은 새로움을 위하여 끊임없이 최선을 다하는 슬기의 길이다.

5. 마무리 -세계화를 내다보면서

위에서 여러 가지 전제되는 조건이나 원리를 들어 말한 까닭은, 첫째, 이들에 따라서 다듬어지는 우리말이 오늘과 끝없는 내일의 창조 세계를 이루는 힘의 바탕이 되기 때문이다. 둘째, 다듬어진 말에 담긴 우리 문화를 온 세계에 전하는 것이 우리말 세계화의 이상이 되기 때문이다. 셋째, 말과 함께 하는 우리 한글이, 세계화의 길에서, 글자 없는 나라의 고유문화 어를 지켜 줌으로써, 없어져 가는 인류문화를 공유하는 힘의 구실도 하겠기 때문이다. 다만 대상의 말을 어떠한 한글 체계와 맞춤법체계로 만들어 주어야 이 힘의 구실을 다할 수 있는 가는 미리 해결해야 할 필수 과제이다(세종의 한글 창제에서, 중국 음과 다른 그때의 우리 표준 음운체계를 알고 있었던 것처럼, 그리고 맞춤법 체계를 확립한 것처럼). 곧 ① 대상 나라의 표준 음운 체계의 이해와, ② 그 음운 체계에 맞는 한글의 풀어쓰기, 낱내 체계, 형태표기 체계들의 찾아 살핌과, ③ 앞날의 기계징보화까지도 해결해야 할 앞선 연구 과제가 그것이다. 이 과제는 우리의 몫이며, 아울러 그들의 몫이기도 하다. '몽골'의 보기도 한 참고가 될 것이다. 몽골은 1946년부터 모든 출판물과 공문서에 러시아 킬릴 문자로 바꾸었다. 이 과정에서 몽골 음운에 맞는 글자를 더하였다(θ,Y). 형태면에서는 알타이어 특징인 교착어 체계에 맞추었다.

우리됨, 우리의 세계화, 그리고 인류 문화의 보전 발전은 우리말 다듬기의 이상이다.

이 이상 실현을 위한 우리의 체계적인 노력과 나라의 정책 철학이 필요한 오늘이다.

한글말 가다듬기

−국어 순화의 목표와 방법−

김 정수(한양대학교 교수)

1. 언어와 문화의 다양성을 위해서

말이 무엇이냐 물으면 열의 아홉 사람 이상이 생각을 주고 받는 도구라고 답한다. 말로 주고 받는 생각은 어떻게 나오는데? 말 없이 생각할 수 있는가? 생각 자체가 마음 속의 말이라 할 수 있을 만큼 우리는 일상적인 생각을 마음 속에서 말로 한다. 말은 바로 생각의 도구이기도 한 것이다. 생각을 돕기 위한 중얼거림이나 독백은 다른 사람과 생각을 주고 받기 도구가 아니라 생각 자체가 말이라는 것을 나타낸다.

그 말은 무엇으로 구성되어 있는가? 새로운 언어를 배울 때 우리는 말본을 배우고 낱말을 외운다. 많은 낱말 또는 형태소를 말본에 맞추어 엮어서 월을 만들고 끊임없이 되풀이하는 것이 바로 말이다. 낱말이 무엇인가? 사물의 이름이 낱말이다. 사람의 눈에 보이거나 보이지 않거나 모든 것들을 마음에 넣고 꺼내고 하려면 이름을 붙여야 편리하고 분명해 진다. "사람은 말하는 짐승이다" 할 때 "사람"이란 낱말이 있어서 '사람 아닌 것'과 구별할 수 있고, "말"이란 낱말이 있어서 '말 아닌 모든 것'과 구별할 수 있고, "짐승이다"라는 말이 있어서 "짐승이 아니다"라는 말과 달리 쓸 수 있다. "한 뼘, 두 뼘, … 한 길, 열 길, … 오십 보, 백 보" 같은 대략적인 길이를 말하다가 "센티미터, 미터, 킬로미터" 같은 눈금과 그 이름이 정해 져서 아주 정확한 길이를 다루게 되었듯이, 막연한 어림 속 같은 사물의 세계를 한결 명료한 사전의 정의와 같은 지식의 세계로 바꾸어 인지하게 하는 틀이 또한 말이다.

그래서 특정한 언어는 그 언어를 배냇말로 익혀 쓰는 사람들의 인지와 생각의 특질을 결정한다. 이러한 특질의 총체는 다른 언어로 옮겨 가지 않는다. 다른 언어로 정확히 번역되지 않고 다른 언중에게 온전히 학습되지 않는다. 특정한 언중의 언어 행위로 오랜 세월 동안 쌓이고 물려 내린 문화는 견줄 데 없이 독특한 것이다. 유네스코에서 보고한 대로 오늘날 땅 위에 7000 가지 가량의 언어가 쓰이고 있다면, 바로 그 수 만큼의 서로 다른 문화가 살아 있다는 것이고, 그 서로 다른 문화는 우열을 견줄 수 없이 귀중한 것이다.

유엔에 '생물 다양성에 관한 협약'(Convention on Biological Diversity, 1992)이 생겨서 일천 수백만 가지 생명체 가운데 급속하게 소멸해 가는 동식물을 지키고 그들의 유전자와 생태계를 보존하려는 국제적인 노력이 기울여 지고 있다는데, 생물의 다양성보다 더 커한 것이 언어와 문화의 다양성이 아닌가 한다. 문자가 없거나 사용 인구가 적어서 머지 않아 소멸할 가능성이 높은 언어를 보존하고 유지하기 위한 여러 가지 사업도(Babel Initiative, Endangered Languages Programme 등) 국제적으로 진행되고 있다고는 하나, 언어와 언어의 간섭이나 침범을 막고 개별 언어의 순수성을 지키는 일에도 국제적인 관심이나 노력이 있는지 궁금하다. 언어와 문화의 다양성을 위해서는 소멸 위기에 놓인 언어를 기록하고 지키는 일에 못지 않게 특히 세력이 큰 언어의 침범을 받는 약한 언어의 특성을 지키는 일도 중요하다 하지 않을 수 없다. 생물의 종과 함께 개체의 유전자가 소중하듯이 개별 언어의 존재와 고유한 특질도 중시하고 보존하기 위한 인류 공동의 이해와 노력이 필요하다.

한국말은 사용 인구로 견줄 때 수천 가지 언어들 가운데 13등 쯤을 차지하고 있다고 하니, 아직 소멸 위기의 보존 대상은 아닌 것 같으나, 10억이 넘는 인구를 가진 중국말에 이웃해서 눌린 역사가 수천 년이라 일상 어휘의 절반을 넘는 한자말의 서슬을 벗어날 길이 없고, 36 년에 불과한 동안이나마 개화기의 변혁을 잔혹한 일본이 지배하고 낯선 일본말이 선도하는 바람에 각종 전문 분야의 술어들이 일본식 한자말로 도배가 되어 버렸고, 뒤를 이어 미국의 신세를 크게 지는 바람에 영어가 한국말과 한국 문화와 한국 사람의 마음을 전면적으로 삼키는 중이다. 옛 소련에 살던 동포의 말에는 물론 러시아말이 침투했을 것이고, 중국에 살아 온 조선족의 말에는 중국말의 영향이 지속적으로 배어 들었을 것이다.

2. 토박이말과 외래어의 싸움

수천 년이나 되는 한국말의 역사에서 토박이말과 외래어를 구별하고 외래어를 남의 말이라 하며 애써 내밀어 본 일이 얼마나 있었던가? 신라는 오히려 당나라의 제도를 수입하면서 토박이말에 중국말을 대규모로 섞어 쓰기 시작했다.

수천 년에 걸친 한자 문화의 오랜 역사는 한국말이 일방적으로 중국말에 100 퍼센트 삼켜 지고 만 역사다. 한자 읽기의 변천이 여실히 그러하다. 한자의 허사가 한 자도 없고 어순이 순연한 한국말 그 대로인 이른바 "임신 서기석"(552? 612?)의 한자 쓰기는 한겨레가 중국말의 영향을 받기 전에 한자를 남의 글이 아니라 제 글로 제 말을 온전히 적던 시기가 있었음을 보여 준다. 이 문서를 우발적이며 예외적인 것으로 치는 것이 통설이지만, 알고 보면 한자의 역사에 관련된 아주 귀중한 증거 자료가 아닐 수 없다. 중국에서 빌어 왔다는 한자의 기원에 관한 통설도 뒤바뀔 여지가 있지만, 같은 시대 이래의 향찰이며 이두가 한자의 훈독과 음독을 섞어야 어렵사리 읽어 진다는 점은 한겨레의 문자 생활에 중국말이 전면적으로 깊숙이 침투하고 있음을 보여 준다. 음독이란 바로 한자를 중국말로 읽는 것이니 말이다. 구결은 이미 전형적인 한문의 부속물로 쓰인 것이기도 하거니와 음독의 비중이 더욱 커 진 한자 쓰기다.

세종이 훈민정음을 창제하자마자 신하들을 시켜서 지은 <용비어천가>의 해설 부분에는 적지 않은 땅이름이 한자와 한글로 병기되어 있다. 이것은 이맘때만 해도 땅이름을 한자로 적으면서도 음독하지 않고 훈독했음을 말해 준다. 그런데 같은 땅이름들을 오늘 우리는 어떻게 부르고 있는가? 여주의 "ㅂㆍㅣ애"가 "이포"(梨浦)로 바뀌었다. "삼개"가 "마포"(麻浦)로, "애오개"가 "아현"(阿峴)으로, "한밭"이 "대전"(大田)으로 바뀐 것을 되돌리지 못하고 있다. <임신 서기석>의 훈독 100 퍼센트가 음독 100 퍼센트로 바뀐 것이 바로 한자 읽기의 변화요, 이것이 한자가 한자말을 한국말에 얼마나 깊이 크게 파고들게 했는지를 말해 준다.

16세기 이래로 한글이 집안의 편지 등으로 대중화하고 선비들의 시조와 가사 같은 글쓰기에 양념처럼 쓰이던 중에 김 만중(1637-1692)이 '한문을 아무리 잘 해도 그것은 앵무새가 사람의 말을 흉내내는 것과 같이 어색한 것이라' 하며 한글 소설을 짓기 시작하고, 이어서 적지 않은 한글 문학이 쌓여 온 사실 정도가 국어 순화의 출발이었다고 볼 수는 있을 것이다. 중국에서 온 <천자문>에 한글 새김을 달고, 최 세진이 훨씬 많은 한자로 된 <훈몽자회>를 지으면서 한글 새김을 달아 국민 교재로 쓰이게 한 것이 그나마 토박이말을 보존하는 데 소극적으로나마 이바지하기는 했다.

그러나 구태여 "天地玄黃"을 읊조린 다음 '하늘과 땅이 검고 누르다' 해야 할 이유가 없다고 외치듯이 서당을 박차고 나와 배재 학당으로 옮긴 주 시경을 통해서 철두철미한 국어 순화 운동이 비롯되었다. 영어 시간에 영어 문법을 배운 그는 영어 술어를 알련만 "닿소리, 홀소리" 같은 토박이말 술어를 만들어 가며 국어 문법을 저술하고, 여러 정규 학교와 일요 강습회를 통해서 국어 순화 운동을 충실히 계승할 많은 제자를 길러 내었다. 일제를 벗어난 뒤로 남북한의 언어 정책을 주도하고 실행한 이들이 주 시경의 제자인 최 현배와 김 두봉이다.

"말본, 셈본, 세모꼴, 네모꼴" 등을 만들고 교과서에 반영했던 최 현배의 세력이 약해 진 틈을 타고 한자 쓰기를 주장하는 사람들은 마침내 "문법, 산수, 삼각형, 사각형"이 이겼다고 기뻐했다. 조선어학회에서 만든 <한글 마춤법 통일안>(1933)을 문교부의 <한글 맞춤법>(1988)으로 바꾼 사람들이 이들이다. 55 년 만에 개선된 것은 "-읍니다"를 "-습니다"로 고친 것 하나 뿐이고, 나머지는 모조리 쉽게 하노라는 명분으로 이치를 버리고 뒷

걸음질친 것들 뿐이다. 띄어쓰기가 너무 어려우니 더 붙여 써도 된다는, 이래도 좋고 저래도 좋다는 규정이 대부분이니, 이런 규범은 있으나 마나 다. 사람의 성과 이름을 붙여 쓰라고 정해 놓고는 일껏 해설한다는 것이 '이치에는 맞지 않지만 한자 문화권의 관행에 맞춘 것이라' 한다. 한글 맞춤법에 한자 문화권이 왜 나서서 이치를 접게 해야 하는가? 이처럼 우리네 국어 순화 운동의 역사는 한자파와 한글파가 끊임없이 부딪어 온 갈등의 역사다.

3. 어휘에 그친 국어 순화

다행히 한자를 주장하던 세대는 거의 다 가고 이제는 한글 세대의 세상이 되었다. 한자를 끝까지 고집하던 일간 신문들이 제목 빼고 기사 본문은 한글만 쓰기로 변해 버렸다. 신문 이름에서도 한자를 벗어 버리고 있다. 공적인 지면에서 한자가 사라지면 자연스럽게 빈도 낮고 어려운 한자말은 쉬운 토박이말로 바뀌게 마련이다. "주거부정"이라 하던 것이 "사는 곳이 일정하지 않은"으로 바뀌었다. "동포애 발양"이라 하던 것이 "이웃 돕기"로 바뀌었다. 요새 "꼬리 물기, 끼어들기, 막가파, 먹튀" 같은 말은 한자말로 어떻게 되바꿀 수 있을지 상상도 하기 어렵게 되었다. 되돌릴 수 없는 흐름인 것이다.

이만큼 되기까지는 한글 학회의 <쉬운말 사전>을 비롯한 여러 기관과 여러 분야 단체의 전문 용어집들이 큰 몫을 했을 것이다. 법제처에서는 "알기 쉬운 법령 만들기"를 몇 해 전부터 계속하고 있다. 이 사업은 법률 전문가들이 스스로 시작한 것이 아니다. 인터넷에 공개되기 시작한 법률을 열람하던 일반인들이 이해할 수 없는 용어들이 많아 불평을 쏟아 내면서 요구한 것을 정부에서 받아들인 결과다. 한자파가 세워 놓은 국립 국어원에서는 인터넷, 공문서 등의 공공 언어 분야에 대한 조직적인 순화 운동을 시작했다.

그러나 우리네 국어 순화 운동이 아직은 개별 어휘의 층위에 머물러 있는 편이다. 한자말이 사전의 7할이니 몇 할이니 하는 지겨운 논쟁은 왜곡된 것이기도 하거니와 아주 피상적인 것이다. 한자말을 비롯한 외국말의 영향은 사전 올림말의 양적인 비율보다 더 심각하게 한국말의 생산성을 낮추고 뇌사 상태에 이르게 했다는 사실에서 찾아야 한다. 이것은 절대로 과장이 아니다.

한국말의 조어법에서 분류하는 이른바 "비통어적 합성어"는 한국말의 죽살이를 가늠하게 하는 깃대종이라 할 수 있다. "드나들다"는 "들고 나고 들고 하다"라고 할 것을 간결하게 줄인 말이다. "오르고 내리고 하다"를 줄이면 "오르내리다"가 된다. 이처럼 "걷고 달리고 하다"를 "걷달리다*"라고 하면 알아듣겠는가? "울다가 웃다가 했다"를 "울웃었다*"라고 말하는 사람이 있는가? 그런 말을 의연히 들어 줄 사람이 몇이나 되겠는가? "높푸르다"는 사전에 있는데, "깊푸르다, 넓푸르다, 맑푸르다, 누르푸르다, 붉푸르다, ..."는 없다. "받내다"는 "(무엇이든) 받아 내다"와 같은 말이었는데, '남의 똥오줌을 받아 내다'라 하는 뜻으로 오그라들었다. 옛말로 거슬러 갈수록 이런 식으로 만들어 쓰던 말이 많았는데, 지금은 이처럼 만들어 쓰기가 어렵게 되었고 쓰던 말의 뜻도 쓰임새가 크게 바뀌었다.

"신 신다, 띠 띠다, 품 품다, 가물 가물다"와 같이 말의 뿌리(어근)이나 줄기(어간)가 임자씨(체언)와 같은 경우는 뿌리나 줄기가 본래 자립성이 있는 말이었었음을 보여 준다. 앞서 든 비통어적 합성법이 활발했었던 사실도 풀이말(용언)의 줄기가 지금과는 다르게 자립성이 있고 서로 자유롭게 어울려 붙는 말이었었음을 보여 준다. "자외선"을 "넘보라살"로 바꾸어 본 것은 줄기 "넘-"의 자립성을 알고 애써 적용한 것인데, 실패한 사례다. 사전에 실린 어휘의 얼마가 토박이말이냐 아니냐 하는 것보다 토박이말의 활성이 이처럼 꺼지고 새 말을 만드는 힘이 거의 완전히 사라져 버렸다는 사실이 더 큰 손실이다.

어쩌다 이리 되었는가? 안타깝게도 남의 떡이 커 보이는 착각 곧 언어사대주의가 오랜 세월 동안 체질이 되고 근성이 된 결과다. "비행기"를 "날틀*"로 바꾸어서 안 될 이치도 없건만 조롱거리로만 쓰인다. "이화"는 바로

"배꽃"이건만 "이화"를 품위 높은 말로 치는 관습이 오래 되었다. 한자로는 어떻게 조합해서 새 말을 만들어도 거부감을 느끼는 이가 없다. "토큰"이라는 생경한 외국말이 등장하자마자 토박이말로 어떻게 바꾸어 보려 해도 도저히 이길 수 없었다. 신문에, 방송에, 상품에, 회사 이름에, 외국말을 그냥 들여다가 섞어 써도 저항하기는커녕 새롭고 고급스럽게까지 여기는 것이 우리 사회의 분위기다.

이런 변화는 언어의 주인인 일반 언중의 의식이 이처럼 변한 결과일 것이다. 그러나 학자들도 한 몫을 한 것이 분명하다. "비통어적"이라는 술어를 생각 없이 받아들인 책임이 작지 않고, 언어 현상을 통어론 중심으로 관찰하고 기술한 탓이 크다. 언어 형식의 자립성이란 것이 바로 통어론의 단위인 월의 성분으로 자립할 수 있느냐 없느냐 하는 것이고 이런 자립성 여부로 자립 형식과 구속 형식을 분류하는 것이 미국에서 자란 기술 언어학의 일이다. 낱말의 배열 순서가 중요한 영어 같은 언어에서는 통어론의 비중이 크기 때문에 관점이 통어론 중심이 되지만, 낱말 속에 말본 기능의 대부분이 들어가는 한국말 같은 언어에서는 형태론의 비중이 크기 때문에 형태론이 말본의 우선적인 관점이 되고 기준이 되어야 한다. "비통어적 합성어"라는 것은 바로 한국말에서는 "형태론적 합성어"로 고쳐 불러서 비정상적이고 예외적인 것이 아니라 정상적이고 정통적인 합성어임을 술어 자체로도 나타내어야 한다.

거듭하거니와 외래어의 양이 많고 적은 것보다 토박이말의 생산성이 바닥에 이른 것이 문제요 고질이다. 언어는 어느 한 순간도 고착되지 않고 움직이며 변화하는 유기체다. 한국말이라는 유기체에 본디 타고난 오장육부의 절반 이상이 남의 것으로 또는 인공 장기로 이식되었다고 생각해 보라. 남들처럼 건강하게 성장하며 천수를 누릴 것을 기대할 수 있는가? 팔다리가 의수족으로 바뀐 사람이 운동 선수로 뛸 수 있겠는가? 한국말의 위기는 이런 것이다. 우리의 국어 순화 운동이 절박한 것은 이런 사정 때문이다. 영어가 세계어가 된 것은 외국말을 배척하지 않고 포용한 결과라 하거나, 언어 순화 운동을 하지 않는 나라들도 잘만 산다 한다든지, 국어 순화 운동을 편협한 국수주의라고 비난하는 사람들은 이런 집안 사정을 모르고 실없이 대범한 언어관에 중독되어 있는 것이다.

4. 저절로 되는 국어 순화의 길

애국심이 국어 순화 운동을 일으키고 지속하게 하는 것은 사실이다. 일제 때 조선어학회의 학자들을 결집하고 한글 맞춤법을 세우며 표준말을 정하고 사전을 편찬하게 한 바탕은 민족주의임이 분명하다. 한자를 버리고 한글만 쓰자는 주장의 배경에 국수주의가 들어 있음도 부인할 수 없다. 그러나 이런 정신만으로, 구호만으로는 성과가 부족했음을 알아야 한다. 무엇보다 국어 순화의 목표가 바로 서야 하고, 그 방법이 달라져야 한다.

먼저 한자말을 비롯한 외래어의 어휘를 토박이말로 바꾸는 것에서 토박이말의 유기적인 활성을 되찾아 살리는 것으로 목표가 확장되거나 중심이 바뀌어야 한다. 순화 운동의 최종 목표는 외래어를 내쫓는 것이 아니라 토박이말 자체를 살리는 것이어야 한다. 토박이말의 본성과 실태를 파악하고 바람직한 모습을 갖추게 하는 것이 우선적이어야 한다. 한국말의 특질이 무엇인지 알아차리고 그 특질에 대한 자긍심을 가지게 하는 것이 효과적이다. 이를테면, 갖가지 풍부한 시늉말 부류에서 닿소리의 '여림-됨-거셈' 바탕이나 홀소리의 '밝음-어두움' 바탕을 수시로 임의로 바꾸어 가면서 다채로운 표현력을 활용하는 일은 세계의 어느 주요 언어에도 없어서 번역으로도 교육으로도 옮겨 갈 수 없을 만큼 독특하다. 이와 같은 한국말의 본색을 바로 알고 생산성을 되살리게 하면 외래적인 요소는 깊이 침투해서 한국말의 내면을 갉아 먹는 것이 아니라 외부에 머물며 치장하는 장식물에 그칠 수 밖에 없을 것이다.

국어 순화 운동의 주체는 이제까지 그래 왔듯 일부 국어학자와 운동가와 단체에 그칠 것이 아니라 다양한 분야의 전문가와 기관이 대등한 비중으로 참여하고 협동하도록 유도해야 하며, 국어 순화 운동의 상대는 기성 세대에서 미성년 세대로 연령층을 낮추고 언어 문제에 무관한 것으로 치부되어 온 모든 직업 분야까지 확산시켜야 한다. 온 국민과 전 세계의 한겨레 구성원이 한국말의 죽살이가 어떤 지경에 놓였는지 알고 문제 의식을 가지게만 해도 국어 순화 운동은 옳은 궤도에 들어선 것으로 볼 수 있을 것이다.

청·소년의 비규범 국어 사용 실태와 지도 방안

성 낙수(한국교원대학교 교수/외솔회 회장)

1. 들어가는 말

본고는 현대 우리나라 청소년들의 비규범 국어 사용 실태에 근거하여 국어순화의 방향을 짚어보고, 그 지도 방안에 대하여 고찰하는 데 목적이 있다. 청소년들의 언어는 다른 언중들이 사용하는 바와 마찬가지로 구어와 문어로 나눌 수도 있고, 표준어와 방언으로 나눌 수도 있다. 결국 이들의 곱은 네 가지가 되며, 또한 이들은 국어 규범과의 비교로 그 복잡한 양상이 규명 될 수 있다.

청소년들이 사용하는 언어는 현장에서 그 자료를 채집해야 하므로, 본고에서는 초·중등 현직 교사들이 수집하고 분석한 것을 연구 대상으로 하였다. 현직 교사들은 학생들을 지도하다 보면, 학생들이 즐겨 쓰는 표현을 이해하시 못해, 생활지도나 교과지도에서 난감해지는 경우가 있다고 한다. 과거에는 학생들의 은어, 비·속어, 유행어들의 어휘양이 그리 많지 않아 조금만 신경을 써도 학생들과 의사소통을 하는 데에 어려움이 없었다고 한다. 하지만, 최근 급속히 많은 양의 정보가 쏟아지는 영상매체시대에 익숙한 초·중등학생들만의 어휘의 이해는, 교사가 쉽게 따라갈 수 없을 지경이 되었다고 한다. 그래서 인터넷 사이트 중에는 초·중등학생들과 어른들간의 원활한 의사소통을 위해 '은어사전'이라는 것이 등장하고, 최신 은어들을 바로바로 쇄신해 주는 지원까지 등장했다.

국어 규범은 나라에서 정한 <한글 맞춤법>, <표준어 규정> 등을 말한

---

*이 논문은 한국교원대학교 2014학년도 KNUE 학술연구비 지원을 받아 수행하였음.

다. <표준어 규정>은 다시 '표준어 사정 원칙'과 '표준 발음법'으로 나누어진다. 이들을 지키지 않으면, 국어 사용의 오류라고 할 수 있으며, 곧 그 말은 '방언'이라고 할 수 있다.

방언은 다시 '지역 방언'과 '사회 방언'으로 나누어지며, 전자는 각 지역에서 사용하는 비규범적 국어임은 물론이며, 후자는 '은어, 비·속어, 유행어, 이모티콘, 통신언어' 등이 해당된다.

은어란 어떤 계층이나 특정 부류의 사람들이 다른 사람들이 알아듣지 못하도록 자기네 구성원들끼리만 빈번하게 사용하는 말을 일컫는다. 초·중등학생들도 특정한 사회 계급으로서 그들만의 문화와 의식과 정서를 반영한 은어를 사용하여 결속력과 친근감을 다지고 있으나, 다른 계급(계층)과의 의사소통의 장애나 이질감을 불러일으키기도 한다.

비·속어는 점잖지 못한 말로서 욕이나 저속한 표현이다. 청소년들은 비·속어를 사용하여 특정 대상을 비하하거나, 비방하는 목적으로 사용하는데, 기존의 비·속어를 그대로 사용하기도 하며, 이를 또 다른 비·속어와 결합하거나, 새로운 방식으로 변용한다든지 새로운 방식으로 만들어 사용하기도 한다.

또한 청소년들은 정보의 습득이 빠르고 대중매체를 통한 언어 수용이 활발하여, 유행어의 사용도 많다. 유행어는 어느 특정 시기에 일정 기간 동안 많은 사람들에게 두루 쓰이는 말들을 의미하는데, 시대적 상황이나, 세태가 반영되기도 한다. 유행어는 해학성과 풍자성을 띠며, 신선한 느낌을 주기도 하여, 새로운 것을 추구하는 초·중등학생들의 성향에 잘 부합되지만, 다른 계층과의 위화감을 일으키기도 한다.

'이모티콘'이란 컴퓨터나 휴대 전화의 문자와 기호, 숫자 등을 조합하여 만든 그림 문자를 말한다. 'emotion'과 'icon'의 합성어로, 감정이나 느낌을 전달할 때 사용한다.

'통신언어'는 컴퓨터와 인터넷 공간이라는 상황이 만들어낸 언어로 컴퓨터 통신과 인터넷상에서 사용되고 있는 것이다. 실제로 '통신언어'라는 용어 앞에서 사용하는 매체를 붙여 주어 좀 더 정확한 용어를 정의하기 위한 시도가 있으나, 통신에 관련된 언어의 모든 정의는 '통신언어'라는 용어를 포함한다.

본고에서는 가능한 한 이러한 청소년들의 규범적, 비규범적 언어를 다 다루어 볼 것이다.

2. 청·소년들의 비규범 국어 사용 실태

국어 규범은 <한글 맞춤법>과 <표준어 규정> 등을 말하는데, 본고에서는 초·중등 학생들의 이에 벗어나는, 비규범 국어 사용에 대한 인식과 사용실태를 살펴 보고자 한다. 비규범 국어 속하는 것은 은어, 비·속어, 유행어, 통신언어 등이다.

2.1. 은어 사용 현황과 그 특징

청소년들은 또래들과의 대화를 통해 친숙함을 얻고, 은밀감을 즐기며, 속도감 있는 전달을 하기 위해 은어를 만들어 사용한다. 이러한 은어의 과도한 사용은 외부와의 소통 단절을 초래할 뿐만 아니라, 표현 자체도 저속하여 문제가 될 수 있다.

2.1.1. 준말 현상(가위질말2))

(1) 은따(은근 왕따), 먹튀(먹고 튀기), 듣보잡(듣도 보도 못한 잡것들), 스사(스티커 사진), 깜놀(깜짝 놀람), 수포자(수학 포기한 사람), 물포자(물리 포기한 사람), 강추(강력하게 추천), 갠소(개인소장), 깜지(시험 공부 등으로 종이에 빽빽할 정도로 글자를 써 놓는 것), 몰컴(몰래 컴퓨터를 함), 문상(문화상품권), 반삭(삭발보다는 길고 스포츠형 보다는 짧은 머리 모양), 생얼(화장을 하지 않은 얼굴), 생파(생일파티),

---

2) 김석득(1992 : 315-316)에서 이런 말을 '가위질말'이라고 하여, '머릿글자말'과 구별하였다.

썩소(썩은 미소. 재수 없는 사람, 기분 나쁜 사람. '완소'의 상대어), 엄빠(엄마, 아빠), 김천(김밥 천국), 노페(노스페이스(아웃도어 브랜드 이름)), 버카충(버스카드 충전), 갈비(갈수록 비호감), 금사빠(금방 사랑에 빠질 것 같은)

2.1.2. 로마자의 약어나 준말 또는 변형된 말

(2) SC(센 척), 퀄(퀄리티, 품질), 레알(리얼), IJ(일진), JJY(찌질이), 크리(결정적인 혹은 치명타를 뜻하는 크리티컬(Critical)의 약자. 어떠한 상황에 ~크리를 붙이면 설상가상처럼 상황이 더욱 악화되었다는 것을 뜻함), M창(내가 방금 말한 것이 사실임을 강조할 때 사용)

2.1.3. 통신 상에서 쓰는 말들(게임 용어)

(3) 명미(뭐야?), 쩐다(잘한다, 대단하다, 비꼼), 관광시키다(게임에서 상대가 너무 약해서 갖고 놀다), 광클(미치도록 클릭함. 메이플 스토리 게임에서 미치도록 클릭하는 것), 냉무(인터넷 게시물의 내용이 없음. 답변글을 올릴 때 할 말을 제목에 모두 쓰고 내용이 없을 때 씀.), 눈팅(게시글에 대해 댓글은 달지 않고 보기만 함), 득템(게임에서 좋은 아이템. 공짜로 얻은 좋은 아이템), 무플(인터넷 게시물에 댓글(리플)이 없음), 불펌(올린이의 허락없이 게시물을 불법적으로 옮김), 비추(인터넷 게시물이나 댓글 등을 추천하지 않음), 자삭(자신 삭제. 게시판에 올린 글을 (문제가 생기기 전에 스스로) 지움), 전쪽(메신저에서 전체에게 보내는 쪽지. 준말로 'ㅈㅉ'라고도 함), 즐감(즐겁게 감상함), 즐겜(즐거운 게임 되세요), 출첵(출석 체크)

2.1.4. 아라비아 숫자와 한글을 혼용하는 말

(4) 네가지(싸가지←'싹수'의 방언)

2.1.5. 일본어를 변형하여 사용하는 말

(5) 오덕(오타쿠, 어떤 분야·사항에 대하여 이상할 정도로 열중하며 집착하는 사람), 간지나다(폼 나다. '뽀대나다'와 동의어. 어원은 일본말 '간지(感)'),

2.1.6. 방송 및 팬클럽문화와 관련된 말

(6) 찻집(개인 팬 사이트), 빠순이(여성팬), 빠돌이(남성팬), 시망(SM엔터테인먼트), 스브스/시방새(SBS), 마봉춘(MBC), 김비서/캐백수(KBS), 진게이(남성팬), 게이(여성팬)

2.1.7. 한글 맞춤법 및 낱말 조어법의 파괴와 단어의 의미를 다르게 사용하는 형태

(7) 홍(형), 커요미(커염둥이), 담탱이(담임교사), 까리하다(잘 생기고 센스 있고 멋있어 보인다.), 꼬댕이(공부도 못하고 놀지도 못하는 학생), 낚다(다른 사람을 속임. 어떤 게시물에(그리 중요한 내용도 아닌데) 제목만 보고 호기심으로 들렀을 경우.), 빽빽이(A4용지 등에 영어 단어 등을 빽빽하게 쓰라고 내주는 숙제), 생까다(절교. 아는 척 하지 않다. 또는 거짓말하다), 건지다(손에 넣다. 이성친구를 사귀다), 말밥이지(당연하지 (당근이지의 변천어, 말밥=당근)), (개)피보다(손해보다, 망하다), 꼬불치다(감추다), 꺽다(술마신다), 꼰대(늙은이, 아버지, 선생님), 노상당하다(돈을 갈취 당하다), 째다(도망치다)

2.1.8. 외래어를 변형하여 사용하는 말

(8) 빵셔틀(빵 사오는 사람, '셔틀:~하는 사람), 스맛폰(스마트폰), 베라(베스킨라빈스), 킹왕짱(최고), 걍고(그냥 하자. 어원은 '그냥 go 하자'), 버닝(열정적으로, 열렬히, 엄청나게 빠져있는, 심하게 사랑하고 있는),

베프(좋은 친구. Best Friend 줄여서 BF. 또는 비엡), 샤방(눈에 띄게 아름답고 우아해서 반짝거림. 우아하고 아름다운 미소. 어원 shrp한 + 방긋 의 합성어인 듯함), 빠충기(배터리 충전기), 볼펜(영어의 boy friend와 발음이 비슷해서 남자친구란 뜻), 쉴드치다('보호하다', 상대방을 다른 사람으로부터 보호해주는 의미), 버스타다(팀을 잘 만나서 자신은 하는 것 도 없이 승리하다)

2.1.9. 특징

은유는 유사한 공통자질에 의해 원관념을 숨기고, 다른 보조관념으로 빗대어 표현하는 방법이다. 이는 어휘의 의미에 대하여 유사성에 관련된 것으로 모양의 유사성, 빛깔의 유사성, 기능의 유사성 등이 있다. 어떤 독특한 특성이기보다는 다양한 의미를 보인다.

2.2. 비어 사용 실태와 그 특징

청소년들은 위협적이고 공격적인 의도로 비어를 사용하기도 하지만, 비어를 사용함으로써 내면의 정서적 긴장감을 해소하고 또래와의 친밀감을 형성하는 경우가 많았다. 비어는 특히 남학생들이 습관적으로 사용하는 경우가 많았는데, 성에 관한 욕설이 가장 많다. 상대방을 비하하려는 의도도 있지만, 남학생들은 가벼운 욕설을 일종의 또래들과의 친근감을 나타내려는 도구로 활용하는 경우도 많은 것으로 보인다.

2.2.1. 강조 부사나 접사를 자주 붙여 사용하는 말.

(9) 존나, 조낸(정말), 개(매우) - 개 쩐다, 쳐 디비잔다(잘 잔다), 주차뿔라(차버리겠다), 주쌔리뿐다(때려버린다)

2.2.2. 장애인을 비하하는 표현을 사용하는 말.

(10) 애자, 병신, 등신

2.2.3. 외래어와 결합하여 사용하는 말.

(11) 모닝똥(아침에 누는 변)

2.2.4. 그 외의 비어

(12) 닥쳐라(조용히 해라), 짜져라(나서지 말고 가만히 있어라), 따까리(자질구레한 심부름을 맡아하는 사람을 속되게 이르는 말), 느금(니엄마), 개빠짐(개못생김), 빡대가리(머리가 나쁜 사람을 보고 하는 말), 호로새끼(교양이 없고 배운것이 없는 사람을 낮잡아 이르는 말), 발모가지(발), 쪽발이(쪽바리)(일본사람들을 욕으로 이르던 말), 짱깨(중국인들을 욕으로 이르던 말), 코쟁이(미국인들을 욕으로 이르던 말), 짭새(경찰관), 주둥아리,주댕이,주딩이(입), 눈깔(눈), 대가리(머리)

2.2.5. 특징

비어는 성에 관한 욕설이 가장 많았으며, 불손하고 저속한 의도로 사용되고 있었다. 또한 정확한 뜻을 모르고 사용하는 경우가 많았으며, 주로 습관적으로 일상어처럼 사용한다. 거친 성향의 학생뿐만 아니라, 모범적인 성향의 학생들도 욕을 쓰고 있었다. 그 이유는 욕을 하지 않으면 친구들과 어울리기 힘들기도 하고 시대에 뒤떨어진 느낌도 들기 때문이라고 하였다. 수업 시간이나 반성문을 쓸 때, 서술형 평가 답안을 작성할 때에도 비어를 습관적으로 사용한다.

2.3. 유행어 사용 현황과 그 특징

유행어는 어떤 생각이나 감정을 전달하는 데에 있어 좀 더 쉽고 재미있고 표현할 수 있다. 청소년들은 주로 개그프로그램이나 쇼오락 프로그램 같은 대중매체나 통신언어에서 유행어를 알게 되는 경우가 많다.

2.3.1. 화자의 감정이나 정서 상태를 짧게 줄여서 다양한 의미로 표현하거나 '-능'이란 의미를 사용하는 말.

(13) 대박(좋다, 황당하다, 놀랍다, 비꼼), 헐(←'헉', 놀랍다, 황당하다, 화나다), 짱짱맨('정말 최고다, 멋지다.'라는 뜻), -능(귀여운 척. 예) ~한다능, 그렇다능)

2.3.2. TV등 매스컴, 통신 상에서 쓰는 말들(게임 용어)이나 어투, 문장 활용 형태 등을 유행어로 사용하는 말.

(14) 발린다(진다), 납득이 안돼요 납득이~(영화 '건축학 개론'을 통해 유명해진 말), 살아 있네(영화'범죄와의 전쟁'을 통해 널리 쓰이게 됨), 대.다.나.다(대단하다의 강조), 진격의 ~(일본 애니메이션 '진격의 거인'에서 유래, 커다란 이라는 뜻으로 사용됨), ~가 좋은가봉가(~이 좋다는 뜻으로 사용됨), 고뤠?(예능 '개그콘서트'에서 김준현이 유행시킴), ~하면 500원(예능 '개그콘서트'에서 허경환이 유행시킴), 아니므니다(예능 '개그콘서트'에서 박성호가 일본어 어투를 흉내내 사용), ~스타일(싸이의 '강남스타일'이 히트를 치면서 그에 따른 패러디격이 유행), 당황하셨어요?(예능 '개그콘서트'에서 유행한 말로 특유의 조선족 어투를 큰 관심을 일으킴), 나쁜사람~ 나쁜사람(예능 '개그콘서트'에서 유행)

2.3.3. 기존 기성세대의 유행어를 그대로 사용하는 말.

(15) 차도남·차도녀 (차가운 도시 남자·여자), 된장녀(명품 밝히는 여자), 쭉빵녀(몸매가 좋은 여성), 종결자(최고인 사람), 훈남(훈훈하게 생긴 남자)

2.3.4. 특징

유행어는 주로 개그프로그램이나 쇼·오락 프로그램 같은 대중매체나 통신언어에서 유행어를 알게 되는 경우가 많았다. 유행어도 단어를 줄여 사용하는 경우가 많았고, '깨알-', '폭풍-'처럼 접두어처럼 사용되는 경우도 있었다.

2.5. 통신언어의 사용실태와 특징

통신언어에서는 통신을 하는 사람들이 서로 정서를 공유하거나 일상 언어에 대한 진부함을 탈피하고자 사용하는 은어, 친근하고 자유스러운 담화 분위기를 위해 사용하는 비속어, 경제성을 추구하고 개성을 표현하기 위한 약어, 소리와 모습을 흉내낸 의성어와 의태어, 무분별하게 생겨나는 신조어와 유행어, 외래어와 외국어 등이 많이 쓰인다. 이러한 어휘들은 학생들의 일상 언어생활에도 전이되어 흔히 사용된다.

스마트폰의 이용 증가로 청소년들의 통신언어는 주로 모바일 메신저를 통해 나타났다. 청소년들은 학교에 있는 시간을 제외하고 주로 모바일 메신저로 친구들과 대화를 하거나 게임을 하고 있는 것으로 나타났다. 모바일 메신저를 사용하지 않으면 친구들과 어울리기 힘들 정도라고 하니 이러한 대화 수단이 청소년들의 문화로 자리매김을 하고 있다고 해도 과언이 아닐 것이다.

2.5.1. 약어

(16) 훈남/훈녀(훈훈한 남자/여자),여친/남친(여자/남자친구),문상(문화상품권),열공(열심히 공부하다),친추(친구 추천), 비번(비밀번호), 전번(전화번호), 빛삭(빛의 속도로 삭제),절친(절친한 친구),열폭(열등감 폭발), 깜놀(깜짝 놀라다),지못미(지켜주지 못해 미안해),엄친아(엄마 친구 아들),솔까말(솔직히 까놓고 말해서),듣보잡(듣도 보도 못한 잡

것),움짤(움직이는 짧은 동영상),넘사벽(넘을 수 없는 4차원의 벽),정줄놓(정신줄을 놓다),뻐카충(버스 카드 충전),갑툭튀(갑자기 툭 튀어 나오다),금사빠(금방 사랑에 빠지다),출첵(출석 체크),강추(강력 추천),프사(프로필 사진),왜케(왜 이렇게),쌤(선생님),페북(페이스북),싸이(싸이월드), 카토리(카카오 스토리),피방(PC방)등

2.5.2. 의성어와 의태어

(17) 헐,허걱,우왕,훌쩍,덜덜,꾸벅,쩝,쯧쯧,엉엉,에궁,캬캬캬,크크크,ㅋㅋ,헤헤,하하,호호, 히히,ㅎㅎ,퉤퉤퉤,끄덕끄덕,삐질삐질,휘리릭, 푸하하,찔끔,넙죽

2.5.3. 신조어와 유행어

(18) 품절남/녀(결혼한 사람),호빗(판타지 소설에 나오는 키가 작은 종족), 몸짱(아주 좋은 몸매),잉여(쓰고 남은 것),뻘짓(의미없는 행동),오나전, (완전),즐(즐거움을 의미),레알(진짜),쩐다(대단하다),헐(우와,어머나),멘붕(멘탈 붕괴,정신이 나간),스릉흔드(사랑한다),득템(아이템을 무료로 얻음),찐찌버거('찐짜 찌질이 버러지 거지'를 의미),엄마크리 (PC사용중 엄마에게 방해를 받았을 때를 표현),떡실신(크게 곤욕을 당해 실신했다는 뜻),스압(스크롤 압박의 준말),폐인(게임이나 연예인 등에 무섭게 집착하는 사람),낚시(사람들의 주목을 끌기 위해 사실과 다르거나 엉뚱한 내용으로 유도),종결자(어떤 문제나 화제에 대하여 마지막 해결사),태클건다(상대방이 한 말에 대해 꼬투리를 잡는다),흠 좀무('흠 그게 사실이라면 좀 무섭군요'의 준말),돋네(소름끼친다,끔찍하다, 깜짝놀랐다,무섭다),드립(즉흥적으로 내뱉는 말),라져댓(알겠다라는 무전용어), 감사합니다람쥐,안녕하십니까부리,고뤠?,아니 어떻게 알았지?,완전 시르다,-슴돠(-습니다),뿌잉뿌잉,000보고 있나?

2.5.4. 외래어와 외국어

(19) 와이?,하이요,OK?,고고(GO GO),땡큐,GG,원샷 원킬,헬로우,플리즈,아웃,레디 액션,해피,스타일,시크릿,센스,스킬

2.5.5. 이모티콘·외계어 및 스티커 사용

2.5.5.1. 이모티콘

(20) ㅅ.ㅅ, ^.^, ^^*, ㅇㅂㅇ, *^-^*, (^0^), ('▽'), (^-^), (^*^), (^▽^), ('ㅡ'), (^0^*) (웃는 모습), ㅡ.ㅡ, ㅡ_ㅡ, =.=, =_=, =,.=, ㅡ,ㅡ, (-_-), (ㅡㅡ), -///- (짜증날 때), ㅇㅅㅇ, >ㅂ<, (>_<) (귀여운 표정), ^.~, ^_-, ^_+, (-_o), <-.~> (윙크하는 모습), ㅡ.ㅡ, o _ o, o. o, **=_=** (정색할 때), >< : 깜짝함, ㅇㅁㅇ, +ㅁ+, ㅇㅠㅇ, ㅁ_ㅁ, ㅁㅠㅁ (놀랐을 때), >.< ^9^, ^o^, ^ㅅ^, ^3^, *^^*, (^^*, ^^//, ^///^, s(*^o^)/ (기쁠 때), ㅡ.ㅡ; @_@, ㅊㅡㅊ, ㅊ_ㅊ, -▽- (당황했을 때), ㅠ.ㅠ, ㅜ^ㅜ, ㅠuㅠ, T.T t.t (슬플 때), : /, :), :-], :-), =), :-p, *.-)(주로 서양에서 사용하는 이모티콘이며, 가로로 보아야 함), -3-: 뾰루퉁 한 것, ?_?, ㅡ.ㅡ?, ㅡ.ㅡㅋ (궁금할 때), ㅗ^^ㅗ, ㅗ(욕할 때, 반감을 드러낼 때), ㅡ.ㅡ+, -_-*, -_-^ (의심할 때), <-.->, (-.-)Zz, -.-ZZ (자는 모습) ^&^(웃음), -_-;(어이없음), ^^ : 눈웃음 ;; : 삐질삐질 - 당황함, @>-- 장미, <:3)~~~ 쥐, ^..^ 고양이, ^~@@~^ 박쥐, *: /)/) ((\ :* : 토끼, (--)(_)(--)(인사), ㅗㅗ(중지 대신 쓰는 것), ㅗ凸(영어의 fuck you 의미(비어), (*^.^) (^.^*)(커플), +_+(아픔, 병듦), o(T^T)o(안대.. 흑흑), \(*`Д´)/(으라차차 힘내자), KIN(옆으로 읽으면 '즐'), OTL(좌절 무릎을 꿇고 엎드린 모양), ㄴ(_-ㅇㅇ)ㄱ( 쌩~~), ㄴ(`-´ㅇㅇ)ㄱ(후다닥!!), v(`-´ㅇㅇ)ㄱ(하앗!!), o(-_-)ㅇ ㅇ(-_-)o(원투 펀치!), s(¯▽¯)/ (짜쟌~~), (*¯.¯)a (어랏!! 머였더라?), ♬(^0^)~♪ (랄랄라~), \(*`Д´)/ (으라차차!!), (/ㅡ_-)/~ (저리가 버렷!!), ∠(- o -) (뚜웅~성!!), s(¯▽

¯)v (김취~ 찰칵!!), s(¯ᄉ¯)z (훙!! 나 삐져따!), ㅡ..ㅡ◇◇ (흐미…), (")(") (요리 조리…), [(¯.¯)]zZ (잘좌~~), O(¯▽¯)o (아싸아~~), @-m-m-- (꽃 받아영~~), ☞ (>.<)☜ (흐압! 집중!!), ☞"^▽^"☜ (방긋!!), \(-0-)/ (기지개~), ===ㅡ (빼빼로데이~), (^)ㅡ{^) (빼빼로게임!), ✦(^▽^)↗ (대~한민국!)

2.5.5.2. 외계어

(21) 흫흫흫, 아햏햏, 뷁, 빵상(끼링깨강, 깨랑까랑), 물고기어(예시 : 기림지린마라 뭐뭐해래? 아라~~시림시림해래~~ 노로라라조로~~, 가라 내래다라), 뷁, 뛟, 휊, 쥃, 읡(토 나올 만큼 ~하다), ㅂㅏㅂㅂㅏㅅㅣ, ㄱㅏㄱㅣ ㅅㅣ ㄹㅓ, ㅅㅏ랑ㅎㅎH, ㉠1㉠1, ㉠⑧흑(알지요)

2.5.5.3. 글자 그림

(22)

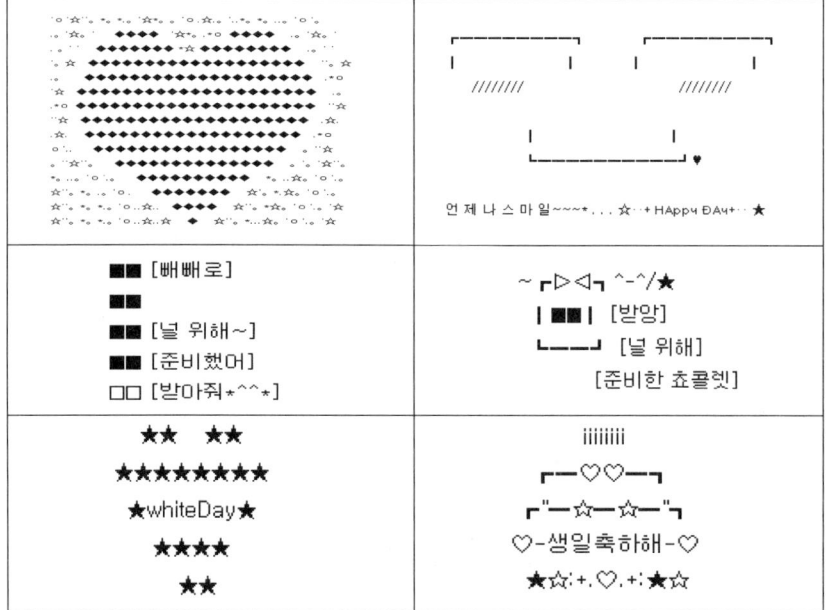

청·소년의 비규범 국어 사용 실태와 지도 방안   41

2.5.5.4. 스티커

(23) ㄱ.

ㄴ.

2.5.6. 표기상의 특징

통신언어는 언어 규범을 무시하는 경우가 무척이나 많이 있다. 소리 나는대로 적기, 문장부호의 생략과 남용, 띄어쓰기의 생략, 감정 표현 부호(이모티콘)의 사용 등의 현상이 나타난다.

2.5.6.1. 소리 나는 대로 적기

(24) 시러(싫어),마자(맞아),조아(좋아),사라요(살아요),괜차나(괜찮아),마니(많이),가치(같이),추카(축하),칭구(친구),놀구시퍼(놀고싶어),싸랑해(사랑해),그렇케(그렇게),열씨미(열심히),햇꼬(했고),좀(쫌),짤려(잘려),꽁짜(공짜),올꺼야(올거야)

2.5.6.2. 문장부호의 생략과 남용

(25) 지금 7시야(?),어디 아파(?),그렇구나,바로 답장해(!), 남용 :뭐????, 물어봤냐????,안뇽~~~, 글쎄....,예~~~!!!!

2.5.6.3. 띄어쓰기 생략

(26) 여친생긴것같더라,혼자힘든척,구경잘하고가요,시험도다망치고 어떠케, 학교에한번놀러오세요   쌤,내가니한테했냐고,차기다리고잇는데,댓글을 달아줘도불만이네,내일까르보나라해먹어,담주주말물어보자

3. 청소년의 언어에 대한 지도 방안

"최근 국립국어원이 실시한 조사에서 초등학생의 97%, 중·고등학생의 99%가 비속어를 사용한 적이 있다고 답했다. 비속어뿐 아니라 욕설을 일상적으로 쓰는 경우도 많다. 대부분은 친구들과 어울리며 배운 말들이어서 뜻도 모른 채 쓰는 일이 다반사인 데다 심지어 욕설인지 모르는 경우마저

있다.(국민일보 2013.12.2.)"고 한다. 이 장에서는 앞에서 살펴 본 초·중등학생들의 언어 사용 현상과 분석에 바탕을 두고, 이에 대한 지도 방안을 논의하려 한다.

3.1. 초등학교 학생들의 규범·비규범 언어에 대한 인식

다음은 초등학생들이 생활속에서 조사자(이주선 2002)가 충청남도 연기군 봉암리에 위치한 초등학교의 4·5·6학년 중에서 각 1개 반을 표집하여 4학년 25명, 5학년 20명, 6학년 32명 모두 77명을 대상으로 표준어, 방언 등에 대하여 조사한 결과다.

3.1.1. 자신이 쓰는 표준어의 사용 실태

(27)

질문1	여러분이 평소에 쓰는 언어 중에 어느 정도가 표준어라고 생각하십니까?	N=77	%
응답 문항	① 80% - 100%	23	30
	② 60% - 80%	33	43
	③ 40% - 60%	15	19
	④ 20% - 40%	3	4
	⑤ 1% - 20%	3	4

(28)

질문2	평소에 말을 할 때 표준어를 쓰는 것에 대하여 어떻게 생각하십니까?	N=77	%
응답 문항	① 표준어를 꼭 써야 된다고 생각한다	10	13
	② 쓰는 것이 좋다고 생각한다	57	74
	③ 안 써도 된다고 생각한다	10	13
	④ 평소에는 쓰지 말아야 된다고 생각한다	0	0

일부 지방 학생들이기는 하나, 이 조사의 피조사자들은 표준어에 대하여 긍정적인 인식을 하고 있으며, 평소에 자신들이 쓰는 언어에도 표준어가 대다수라고 생각하는 것으로 나타났다.

3.1.2. 표준어의 필요성에 대한 인식

(29)

질문3	우리말에 표준어가 필요하다고 생각하십니까?	N=77	%
응답 문항	① 꼭 필요하다	22	29
	② 어느 정도 필요하다	37	48
	③ 그저 그렇다	5	6
	④ 필요하지 않다	3	4

(30)

질문4	표준어가 필요하다면 왜 그렇게 생각하십니까?	N=77	%
응답 문항	① 어느 지방에서나 공통적으로 이해할 수 있고, 국민들을 하나로 뭉치게 하기 위해	28	68
	② 교양 있고 품위 있는 말이기 때문에	8	20
	③ 국민이라면 마땅히 따를 언어규범을 정한 뒤, 그것을 기준으로 하여 따르도록 하기 위해	5	12

(31)

질문5	표준어가 가장 필요한 때는 언제입니까?	N=77	%
응답 문항	① 가정에서 가족과 대화할 때	18	23
	② 평상시 친구들과 대화할 때	3	4
	③ 공식적인 장소에서 말할 때	28	36
	④ 학교에서 공부할 때	10	13
	⑤ 글을 쓸 때	18	23

(32)

질문6	학교에서 국어수업시간에 표준어를 배워야 된다고 생각합니까?	N=77	%
응답 문항	① 국어시간에 꼭 배웠으면 좋겠다.	38	49
	② 그저 그렇다	36	47
	③ 국어시간에 배울 필요가 없다	3	4

이 조사에 의하면, 피조사자들은 표준어를 생활에서 필요하며, 한 나라의 각 지방 주민들과의 의사소통에 필요하고, 공식적인 자리에서 써야 하는 것으로 알고 있다. 그리고 공부시간에 표준어를 배워야 한다고 생각하는 것으로 나타났다.

3.1.3. 방언의 가치

(33)

질문7	지방에서 쓰는 사투리(방언)도 가치가 있다고 생각합니까?	N=77	%
응답 문항	① 가치가 많다	8	10
	② 어느 정도 가치가 있다	53	69
	③ 가치가 별로 없다	12	16
	④ 가치가 아주 없다	3	4

(34)

질문8	지방 사투리(방언)가 왜 가치 있다고 생각합니까?	N=77	%
응답 문항	① 그 지방의 특색을 생생하게 나타내기 때문에	28	36
	② 사투리를 씀으로써 서로 간의 정을 두텁게 하고 친근감이 느껴지기 때문에	15	19
	③ 우리 조상들이 대대로 쓰던 말이라 국어의 역사를 알려주기 때문에	15	19
	④ 표준어보다 재미있고 실감나기 때문에	8	10

이 조사에 의하면, 방언의 가치에 대하여도 긍정적으로 생각하고 있음을 알 수 있다.

3.1.4. 중등학교 학생들의 비규범 언어에 대한 인식

다음은 조사자(박선경 2013)가 청주시 청주중앙중학교 3학년 4반 남학생 34명을 대상으로 비규범 언어에 대하여 조사하여 분석한 것이다.

3.1.4.1. 은어, 비어, 유행어의 사용 의도

(35)

항목 내용	답변자 수	백분율
스트레스 때문에(학업, 가정, 외모 등)	5	14.7
무의식 중에	15	44.1
학생들이 모두 사용하기 때문에 사용하지 않으면 대화에 끼지 못함	7	20.5
더 사용할수록 힘이 있어 보임	2	5.8
기타 답변	5	14.7
합계	34	100

3.1.4.2. 은어, 비어, 유행어를 어디에서 주로 접하는가?(복수 응답 가능)

(36)

항목 내용	답변자 수	백분율
가정	16	22.2
대중 매체(텔레비젼, 영화, 라디오 등)	8	11.1
온라인(인터넷), 게임	25	34.7
친구, 선후배(학교, 학원)	18	25
기타 답변	5	6.9
합계	72	100

이 조사에 의하면, 학생들은 비규범적 언어를 무의식 중에 쓰는 경우가 많고, 안 쓰면, 또래들에서 따돌림을 받을 것으로 생각한다는 것을 알 수 있다. 또한 비규범적 언어를 접하는 곳이 다수가 온라인(인터넷)이며, 친구·선후배뿐만 아니라, 가정에서도 많이 접하고 있음이 나타났다.

3.2. 지도 방안

초등학생들을 지도하는 교사에 의한 언어 순화를 위한 지도방안을 소개하면 다음과 같다.

3.2.1. '우리말 고운말' 방송 시간 운영

올바른 언어 사용의 태도 형성을 위하여 학교 단위의 방송 시간을 다음과 같이 운영한다.

(37)

가) 다른 사람의 마음을 상하게 하는 말 나) 다른 나라에서 들어와 쓰이는 말 다) 지역 방언 라) 상황에 어울리지 않게 쓰인 말 마) 품위를 떨어뜨리는 말 **바) 바르고 고운 표준말**	가) 어린이 방송시간 나) 방송 시기 : 화, 금 다) 방송 시간 : 08:35~08:50 라) 방송 대상 : 전학년
방송 내용	운영 방법

3.2.2. 가정과의 연계 지도

올바른 언어 사용의 태도 형성을 위하여 가정과의 연계 지도는 필수라고 생각한다. 가정과의 연계 지도를 위하여 분기별로 다음과 같은 내용의 가정 통신문을 발송하면 교육의 효과가 더 높을 것이라고 생각한다.

3.2.2.1. 가정 통신문을 통한 올바른 언어의 학부모 교육

(38)

분기별	내 용
1	표준어 사용의 필요성
2	외래어 및 통신언어
3	은어 및 속어
4	아동들의 언어 습관 변화

3.2.2.2. 올바른 언어 사용 관련 가족 신문 만들기

가족신문은 온 가족이 참여하여 만드는 작품으로 다른 작품과는 제작 과정이나 제작 내용에서 많은 차이점이 있다. 특히 올바른 언어를 제대로 사용하지 못하는 저학년의 경우 자녀의 부적합한 말과 글을 부모가 바르게 교정해 주고 그 교정된 내용들을 작품화함으로써 생활 속의 언어를 올바르게 사용할 수 있는 계기를 마련해 준다는데 큰 의의가 있겠다.

3.2.3. '우리말 지킴이' 제도의 운영

'우리말 지킴이'는 올바른 언어 사용의 보상 제도로 학생들이 일상 생활 속에서 표준어를 사용하고자 하는 동기를 부여할 것이다.

　가) 매주 토요일 어린이회에서 언어 사용 태도가 바른 어린이를 '우리말 지킴이' 후보로 선정한다.
　나) 매월 끝 주 토요일 어린이회에서 '우리말 지킴이' 후보 중 한 사람을 '우리 말 지킴이'로 선정한다.
　다) 우리말 지킴이'로 선정된 어린이에게 인정서를 주고 선정된 학생이름을 홈페이지 칭찬 게시판에 탑재한다.

(39) 우리말 지킴이 증서 예시

```
제    호

우리말 지킴이 증서

제 학년 반
이름

위 학생은 바른말·고운말을 사용하며 언어 예절을 잘 지켜 우
리말 지킴이로 선정되었기에 이 증서를 수여함

2003년 0월 0일

00초등학교 담임 000
```

3.2.4. 일기를 통한 올바른 언어 사용 지도

교사는 어린이들의 일기를 점검함으로써 맞춤법과 표준어 사용에 대한 교정을 해 준다.

가) 다른 사람의 마음을 상하게 하는 말을 사용한 일기 - 고운말 쓰기 지도
나) 다른 나라에서 들어와 쓰이는 말(외국어)을 사용한 일기 - 우리말 쓰기 지도
다) 방언을 사용한 일기 - 표준말 쓰기 지도
라) 상황에 어울리지 않는 말을 사용한 일기 - 상황에 어울리는 말 쓰기 지도
마) 품위를 떨어뜨리는 말을 사용한 일기(속어. 은어) - 품위 있는 말 쓰기 지도

바) 잘못 표기된 표준어 - 바른 표준말 쓰기 지도

3.2.5. '나의 언어 사용 반성표' 활용

자기의 언어 생활을 반성하고 올바른 언어 사용의 태도 형성을 위하여 '나의 언어 사용 반성표'를 이용한다. 1주일에 1회씩 3단계로 자기 반성을 하고, 월 1회 부모님과 담임 선생님의 확인을 받도록 한다. (정기적인 표준어 평가 실시 - 학생들 스스로 자신의 평가 결과를 상중하로 해당란에 기록하게 함 - 우리말 지킴이 시상시 참고)

(40)

나의 언어 사용 반성표 (1학기용) ( ) 학년 ( )반 ( )번 ( )			3월				4월				5월				6월				7월			
항목			1	2	3	4	1	2	3	4	1	2	3	4	1	2	3	4	1	2	3	4
다른 사람의 마음을 상하게 하는 말	욕설사용 안 함																				
	무시·깔보는 말 사용 안 함																				
	별명을 부르지 않음																				
다른 나라에서 들어온 말 사용 안 함																					
바른 표준말																					
상황에 어울리지 않게 쓰인말	상황에 어울리지 않는 말 사용 안 함																				
	높임말을 사용함																				
품위를 떨어뜨리는 말	속어를 사용 안 함																				
	은어를 사용 안 함																				
계	◎																				
	○																				
	△																				
확인	부모님																				
	선생님																				
비고	잘 함◎ 보통○ 부족함△																				

3.2.6. 표준발음 지도

학교에서 시각 보조 자료를 이용해 조음법을 알려 주고 시범을 보인 뒤에 모든 학생이 정확히 발음할 수 있을 때까지 발음 훈련을 계속적으로 지도한다. 그리고 교사 스스로도 표준어를 사용하고 표준어 발음을 구사할 수 있도록 꾸준한 연찬을 꾀한다.

3.2.7. 방송 언어의 순화

방송 매체는 사회적인 공기로 방송은 시범성, 교육성을 지녀야 한다. 따라서 방송언어는 은어, 속어, 비어, 욕설, 유행어, 외래어 등의 사용을 자제하여 우리국민의 국어교사로서의 역할을 해 나가야 할 것이다. 방송에서 비속어와 사투리, 외래어를 남용하고 정제되지 않은 자막을 여과 없이 내보낸다면 바르고 고운 말글은 점점 자리를 잃고 대신 거칠고 속된 말글, 국적 없는 말글들이 난무하는 세상이 될 것이다. 따라서 방송 제작자들과 진행자들은 단순한 말장난을 통해 시청률을 높이겠다는 생각을 버리고, 바르고 고운 우리말글을 전파하는 첨병이라는 사명감으로 우리말글의 순화운동에 앞장서야 할 것이다.

4. 맺는 말

이상에서 우리들은 요즘 우리나라 청소년들의 언어를 주로 초·중등학생들이 사용하고 있는 자료를 대상으로 하여 살펴 보았다. 그 결과 초·중등학생들은 실생활에서 규범적인 언어를 사용할 필요성을 인식하고 공부하고는 있으나, 또한 비규범적인 언어에도 익숙해져 있는 것으로 파악되었다.

청소년기의 언어는 평생의 언어생활을 지배한다. 또한 언어는 인격의 중요한 구성요소로서 그 사람이 사용하는 말이 곧 됨됨이를 보여준다고도 한다. 그러므로 어렸을 때부터 건전하고 바른 언어생활을 할 수 있도록 지도

하는 것은 바른 인격체로 성장시킨다는 면에서도 매우 중요하다. 그러나 실생활에서의 언어 사용을 학교에서 통제하거나 교사에 의한 지도만으로는 고치기 힘든 것이 사실이다.

은어·비속어·유행어는 그 언중들의 사회적, 문화적, 심리적 환경과 밀접한 관련을 맺고 있는 어휘들이다. 선정적이고 폭력적인 영상매체에 노출되어 있는 청소년들이 사용하는 이런 말들은 학생들 간의 갈등을 낳고, 나아가 학생들 각자의 사회성을 해칠 수 있다. 언어가 가지는 사회성이 오히려 학생들의 반사회성을 낳을 수 있다. 따라서, 국어교사들은 은어·비속어·유행어의 순기능을 인정하는 범위에서 역기능의 위험성을 강조하여 청소년들이 스스로 남을 배려하고 자신을 존중하는 언어사용태도를 기르도록 꾸준히 지도해야 할 것이다. 또한 TV시청 및 온라인상에서의 언어활동에 관한 비판적인 태도를 길러 방송언어와 통신언어를 무비판적으로 받아들이는 습관을 고치도록 해야 할 것이다.

[참고문헌]

김석득(1992), 우리말 형태론, 서울 : 탑출판사.
성낙수(2011), 국어와 국어학1·2, 서울 : 채륜.
이정복 외(2006), <인터넷 통신 언어와 청소년 언어문화>, 서울 : 한국문화사.
전은진·이삼형·김정선·김태경·이필영·장경희(2011), "문자 언어에 나타난 청소년 언어 실태 연구", 청람어문교육 Vol.43, pp.371~406
장경희(2010), <청소년 언어 사용 실태 조사>, 서울 : 문화체육관광부.

[자료]

김성은(2013), "울산 지역 중학생들의 은어, 비어, 유행어 사용 현황과 특징", 보고서, 청원 : 한국교원대학교 교육대학원.

_____(2013), "울산 지역 중학생들의 통신언어 사용 현황과 특징", 보고서, 청원 : 한국교원대학교 교육대학원.
김효정(2013), "2013 현재 고등학생들의 언어 습관의 문제점과 지도방안-은어·비어·유행어 사용을 중심으로-", 보고서, 청원 : 한국교원대학교 교육대학원.
_____(2013), "2013 현재 고등학생들의 언어 습관의 문제점과 지도방안-이모티콘·통신언어·외계어 사용을 중심으로-", 보고서, 청원 : 한국교원대학교 교육대학원.
남경령(2006), "한글 맞춤법 표기 실태", 보고서, 청원 : 한국교원대학교 교육대학원.
박선경(2013), "초·중·고등학생들의 인터넷 용어 자료 수집"-'SNS' 언어를 중심으로-", 보고서, 청원 : 한국교원대학교 교육대학원.
_____(2013), "초·중·고등학생들의 은어, 비어, 유행어 자료 수집-충북 청주 지역을 박종호(2013), "청소년의 외계어 사용 현황 연구", 보고서, 청원 : 한국교원대학교 교육대학원.
_____(2013), "청소년의 은어, 비속어, 유행어 사용 현황 연구-성남 P중학교 2-2 학생 중심으로-", 보고서, 청원 : 한국교원대학교 교육대학원.
박진홍(2013), "경주지역 고등학생들의 이모티콘·통신언어·외계어 자료 수집", 보고서, 청원 : 한국교원대학교 교육대학원.
_____(2013), "경주지역 고등학생들의 은어·비어·유행어 자료 수집", 보고서, 청원 : 한국교원대학교
엄종란(2013), "춘천 지역 고등학생의 은어, 비속어, 유행어 사용 분석", 보고서, 청원 : 한국교원대학교 교육대학원.
_____(2013), "춘천 지역 고등학생의 이모티콘, 통신언어, 외계어 사용 분석", 보고서, 청원 : 한국교원대학교 교육대학원.
오선주(2013), "초등학생들의 통신언어 자료 수집 (경북 포항)", 보고서, 청원 : 한국교원대학교 교육대학원.
이부경(2013), "초, 중, 고 학생들의 은어, 비어, 속어의 사용 실태", 보

고서, 청원 : 한국교원대학교 교육대학원.

　　　(2013), "초, 중, 고 학생들의 이모티콘, 통신언어, 외계어 사용 실태", 보고서, 청원 : 한국교원대학교 교육대학원.

이정아(2013), "초등학생들의 은어·비어·유행어 조사-서울신월초등학교 5학년 학생을 중심으로-", 보고서, 청원 : 한국교원대학교 교육대학원.

이주선(2002), "초등학교 학생들의 표준어에 대한 인식과 사용 실태", 보고서, 청원 : 한국교원대학교 교육대학원.

이해영(2013), "초등학생의 비속어, 은어 사용 실태-부산 서구를 중심으로-", 보고서, 청원 : 한국교원대학교 교육대학원.

임수미(2013), "대전 지역 초등학생들의 은어, 비어, 유행어 조사", 보고서, 청원 : 한국교원대학교 교육대학원.

최병권(2013), "의왕고 학생들의 은어·비속어·유행어 사용 실태 조사", 보고서, 청원 : 한국교원대학교 교육대학원.

　　　(2013), "의왕고 학생들의 통신언어, 이모티콘, 외계어 사용 실태 조사", 보고서, 청원 : 한국교원대학교 교육대학원.

부 록

☐ 국어순화와 국어순화추진회의 발자취

☐ 생활 순화어

국어 순화와 국어순화추진회의 발자취

박 종국(국어순화추진회 회장/ 국어학)

1. 국어 순화

　가. 대한민국 정부 수립 이전의 국어 순화

　우리 배달 겨레는 겨레 형성과 동시에 우리말을 가지고 있기 때문에 고유한 말과 글을 쓰는 겨레로서 나라를 세운지 오천여년 동안 문화의 전통을 이어오고 있음은 물론 겨레의 역사 생활에서 그 창조한 자랑스러운 문화 유산이 여러 방면으로 찬란한 빛을 내고 있다.
　우리 겨레는 중국 민족과 어족은 다르나 우리나라가 중국과 인접해 있으므로 상고시대부터 중국 문화의 영향을 받았기 때문에 한자말이 우리나라에서 쓰이기 시작한 것은 아마도 고구려・백제・신라・가야 시대인 사국시대부터라 여겨진다. 그러므로, 우리의 조선들은 고유어인 토박이말과 한자말을 쓰는 언어 문자 생활을 하였던 것이니, "사로(斯盧)" 또는 "서라벌(徐羅伐)" 대신에 "신라(新羅)"가, "이사금(尼師今)" 또는 "마립간(麻立干)" 대신에 "왕(王)"이 쓰이게 된 것이 신라 초기의 일이었다. 당시 고구려・백제・신라는 서로 다투어 중국의 한문화를 수입함에 따라, 한자말이 자꾸 침입하였으니, 고구려말의 "달(達)"이 한자말의 "산(山)" 또는 "고(高)"로, "매(買)"가 한자말의 "수(水)"・"천(川)"・"정(井)"으로, "글(斤乙)"이 한자말의 "문(文)"으로 되었고, 백제말의 "돌악(珍惡)"이 한자말의 "석(石)"으로, "사, 새(沙)"가 한자말의 "신(新)"으로, "물거(勿居)"가 한자말의 "청(淸)"으로 되었으며, 신라말의 "박(朴)"이 한자말의 "호(瓠)"로, "한(韓)"이 한자말의 "대(大)"로, "물(勿)"이 한자말의 "수(水)"로, "길(吉)"이 한자말의 "영(永)"으로 되었다. 이때는 유교로 인한 한문은 물론, 불교도 인도에서 중국을 거쳐, 중국의 글자 한문으로 번역된 불경이 우리나라에 수입되었기 때문에, 신라와 같이 불교를 숭상하던 때의 한자말이 우리 토박이말 속으로 침입하기에 유리한 형편을 이루었다.

그러나, 이 시대에도 우리의 뜻있는 선각 조선들은 국어에 대하여 의식하고 토박이말을 지키려고 노력하였으니, 한자를 우리 어순에 맞추어 표기한 것을 비롯하여 이두나 향찰, 구결 문자를 만들어 사용한 것과 설총과 강수가 "우리말로서 구경(九經)을 해독하여 후생을 훈도하였다"는 것이 그것이다.

고려시대는 어떠한가. 고려 또한 신라와 같이 불교를 숭상한데다가 고려 제4대 임금 광종 때에 과거 제도에 한문을 필수 과목으로 결정 시행한 데 따른 영향이 컸으므로 한자말이 자꾸 늘어나게 되었다. 그러므로 그나마 신라시대에서 보여주었던 자주적이던 한자말 수용 태도는 이때에 와서 거의 사라지고 입말〔口語〕로는 토박이말을 쓰고 글말〔文語〕로는 차자 방법이 아닌 한자말을 쓰는 기형적인 이중 언어 문자 생활을 한 불우했던 시기가 바로 이 시대라 하겠다.

그러면 조선시대는 어떠한가. 조선에서는 유교를 국교로 하였기 때문에, 고려 못지않게 한자말이 우리 토박이말 속으로 침입하기에 유리한 형편을 이루었다고 할 수 있다. 더구나, 근세에 올수록 한자말을 수입하는 당사자는, 그 어느 계층보다도 당시의 상류 계급에 딸린 양반들인데다가, 유교는 그 자체가 워낙 봉건적 성격을 가진 것으로, 특히 이 시대는 양반 계급이 자기 옹호의 유력한 방패로 썼던 것이다. 그리고 당시 그들은 중인(中人), 상인(常人)들과 다른 계급적 특색을 나타내기 위하여, 쓰는 말은 일부러 어렵고 서투른 한자말, 한문 문자를 사용하여, 다른 하층 계급에 속하는 중인 · 상인으로 하여금 많은 시간과 노력 없이는 엄두에도 따를 수 없게 하였던 것이다. 그러나, 말이란 그 본성이 물과 같아, 위에서 아래로 흘러내리는 것이라, 하나는 하층 계급이 상층 계급에 대한 부러움으로 해서 본뜨기로 하고, 다른 하나는, 상층 계급이 어떤 필요로 해서 강제하기도 하여,

한자말은 양반 계급에게서 끊임없이 중인·상인에게로 흘러내려 들어갔다.

이러한 언어 문자 생활에서의 국어 순화는 어떠한가.

우리나라의 진정한 국어 순화는 조선조 제4대 임금 세종성왕께서 "훈민정음"을 창제 반포하면서부터 시작되었던 것이다. 성왕께서는 "훈민정음"을 창제하시고 이의 해례서를 지어 함께 반포하면서 아울러 보급책으로, 국문학의 첫 머리를 열어 놓은 것과 한문 문헌들을 언해한 것, 한자음의 정리와 중국어음을 정리한 것, 과거시험에 훈민정음을 시험과목으로 정한 것, 공문서를 훈민정음으로 쓰게 한 것, 별돈 "효데례의"를 주조하여 보급한 것이 그것이다. 그 국어 순화에 효시가 될 수 있는 문헌은, 우리 토박이말로서 한글로 쓰여진 낱말이 들어 있는 "훈민정음 해례본", "용비어천가", "석보상절", "월인천강지곡", "훈민정음 언해본" 등이라 하겠다. 언해 사업은 세종 다음 임금에게도 거의 그대로 이어졌다.

그런데, 이러한 노력에도 조선 말에 와서 국치시대를 당함에 한자말이 더 한층 악화의 기세를 가져왔으니, 그 기세는 어떠한가. 1894년 "갑오경장" 이래로, 우리나라가 서양 문화를 수입함에 있어서, 1910년 한일합병조약 후부터 36년 동안, 일본 제국주의의 야만적인 정책으로써, 우리를 다스린 나라가 또한 일본인데, 이 일본국이 옛날에 한문화를 받아들임에 있어서, 우리 백제 왕인 박사에게 배워서 한문, 한자를 숭상하여 오다가, 그들이 명치 유신 이후에는 약삭빠르게 서양의 새 문명을 수입함에 당하여, 그 새로 들어오는 문물 제도의 모든 것을, 다 한자로 번역하였기 때문에 엄청나게 많이 한자말을 쓰고 지나는 형편이었다. 우리는 36년 동안 일본의 동화 정책의 다스림을 받고, 일본이 필요로 해서 강제하는 교육을 받은 우리나라에서, 특히 새 지식을 배워 사회상 상당한 지위를 얻은 소위 신식 양반 즉 신사·숙녀들이 구식 양반들보다 못하지 않게 즐겨서 일본식의 한자말을 쓰게 되어, 오늘의 우리말은 서양의 새로운 학문, 정치, 경제, 법률 및 사회 생활에 관한 갈말(術語)은 거의 전부가 일본제 한자말로 되어 있다.

그러면, 근 현대의 국어 순화 운동은 어떠한가. 우리글을 「국문」이라 하고 국문으로 본을 삼게 되는 "갑오경장" 직후 고종 32년(1895) 법률 명령에 힘입어 싹트다가 1910년 합방으로 일제의 강점기를 맞게 되었다. 이때에도 우리의 뜻있는 선각 학자나 애국 단체는 겨레 정신의 근본인 말과 글을 지키고 연구하고 순화하며 교육하기에 힘썼다. 특히 주시경 선생과 그의 정신을 이은 최현배·김두봉·이윤재·김윤경 등등의 학자들은 일제의 압박 밑에서도 우리 말 글을 지키고 발전시키기 위해 목숨도 아끼지 않았고, 조선어학회(현 한글학회)는 "한글 맞춤법 통일안"을 제정하고, "표준말 사정"을 하고, "외래어 표기법"을 제정하고, "국어사전"을 편찬하는 등의 일을 이루어 내었으니, 이 모두가 국어 순화의 노력이었던 것이다.

그 일제의 강점기 때 선각 학자들과 조선어학회 등이 이루어 놓은 이러한 바탕에 1945년 8월 15일 조국의 광복을 맞았다. 때를 같이하여 국어 순화도 다시 시작하게 되었다.

특히 해방 직후에 조선교육심의회에서 한자 폐지를 결의하고, 미군 정부에서 이를 실시하여, 한글만으로 자유민 교육을 시작하였으니, 이는 국어 순화와 한글 전용에 큰 도움이 되었다.

나. 대한민국 정부 수립 직후의 국어 순화

1948년 8월 15일 대한민국 정부가 수립되자 흔들리지 않는 "자주 민주 정신"을 기르고 겨레 문화와 정신을 부흥시키기 위해서는 글자 살이를 한글 전용의 길로 나서야만 되겠다는 온 국민의 염원으로 "한글 전용법"이 제정 1948년 10월 9일 공포 되었다. 정부의 언어 문자 정책은 "한글 전용"이고, 또 한글 전용법이 공포 되었지만, 한글 전용의 충실한 실천을 맡아 행할 주도적 기관이 없어 1년이 넘도록 유기적인 활동이 이루어지지 않았다.

이에 조선어학회 회원들은 적극적인 한글 전용 운동을 전개하기 위해 1949년 6월 12일 사도의 뜻있는 인사들과 모여서 "한글전용촉진회"를 창립하였다. "한글전용촉진회"(위원장 : 최현배, 부위원장 : 이희승, 정인승)는 창립 후 한글 전용 뿐만 아니라, 국어 교육 강습회를 열어, 한글 전용의 생활화를 위해 노력하였다.

　1950년에 접어들어 6.25 사변이 일어나자 모든 것이 폐허로 변하게 되어 한글 전용 촉진 운동도 중단되는 비운을 맞게 되었다. 동족 상잔의 아픔을 안고 재건 사업에 힘을 쏟고 있던 중, 1956년 10월 9일 510돌 한글날 기념식장에서 "세종대왕기념사업회"가 창립되었으나, 1960년 4.19 혁명으로 자유당 정권이 넘어지고 잠시 과도기를 거쳐 민주당 정권이 들어섰으나 얼마가지 못했다.

　1961년 5월 박정희 정권이 집권하면서 당시 한글 전용 운동도 되살아나게 되었다. 1961년 12월 13일 세종대왕기념사업회는 문교부장관, 한글학회 이사장, 언론계 대표들을 초청 "한글 전용 및 가로 쓰게 하는 한글 운동" 전개 준비를 위한 간담회를 한국의 집에서 개최하였고, 정부(문교부)는 1962년 4월 "한글전용특별심의회"를 구성(업무는 한글학회가 맡음) 2년에 걸쳐 일반용어·언어문학·법률제도·경제금융·예술·과학기술의 6개 분야에 긍하여 14,159 낱말을 심의 제정하여 "한글전용특별심의회 회보" 5집을 발행 널리 보급하였으며, 그 뒤 한글학회는 이를 보완하여 1967년 1월 30일 "쉬운말 사전"을 펴내었다.

　또 정부는 1966년 하반기부터 한글 전용과 국학 진흥을 위하여 한문 고전 국역 사업을 민족문화추진회로 하여금 실시하게 하였고, 1968년 1월부터 "조선왕조실록"(세종실록) 국역 사업을 세종대왕기념사업회로 하여금 실시하게 하였으며, 그 해 10월 2일 "한글 전용 5개년 계획"을 발표하니, 이로써 한글이 나라 글자로 제 자리를 차지하게 되었다. 또한 정부는 그해 10월 7일 "한글 전용 5개년 계획"을 2년 앞당기도록 계획을 수정 선포하고 이를 뒷받침하기 위한 "한글 전용 촉진 7개항"을 같은 해 같은 달 25일 발표하였다. 여기에 따라서 문교부 안에 "한글전용연구위원회"가 설치되었다.

2. 국어순화추진회의 발자취

가. 국어순화추진회의 창립

한글학회는 1968년 10월 당시 정부의 시책에 발맞추어 그 해 11월 2일 이사회를 열어 한글 전용의 국민운동 단체를 창립하기로 결정함과 아울러 한글학회 측 발기인으로 이사장 최현배 선생을 지명하였다. 그 뒤 한글학회(이사장 : 최현배), 사단법인 세종대왕기념사업회(회장 최현배), 민족문화협회(회장 : 이은상), 민족문화추진회(회장 : 박종화), 한글전용추진회(회장 : 주요한), 배달문화연구원(원장 : 안호상), 삼일회(회장 : 이인), 한국자유교양추진회(회장 : 김윤경) 등의 단체 대표가 모여 의논하여 발기위원회를 구성하게 되니, "한글전용국민실천회 창립준비위원회"를 구성하였다. 그리고 창립준위위원회에서는 창립 취지문(최현배 선생 기초함)을 만들어 전국 각지의 각계 각 층에 보냈다.

1968년 12월 21일 경기여자고등학교 강당(당시 광화문 소재)에서 뜻을 같이하는 26개 단체의 대표들과 유지들이 모여 창립 총회를 열었다. 이로써 한글 전용과 국어 정책의 범 국민 운동을 할 "한글전용국민실천회"가 정식으로 발족하게 되었다.

이 날의 창립 총회에서는 "정관"을 채택하고 임원진을 선출하는 한편, "한글 전용 실천을 촉구하는 성명서(메시지)"를 채택하여 대통령과 국회의장, 교육계, 언론계, 문화인, 학생 및 일반 사회에 보내었다. 이어서 한글 전용의 과감한 실천과 조사 연구를 다짐하는 결의문을 채택했는데, 그 내용은 다음과 같다.

① 한글은 인류 글자 발달 사상 가장 진보한 과학적 글자로서, 배달 겨레의 독창력의 자랑스러운 문화탑인 동시에 또 생명 발전의 가장 근본스런 힘이다.

② 한글 전용을 온 국민이 과감하게 실천한다. 겨레 중흥의 사명을 띠

고, 조국 근대화의 작업에 정진하고 있는 우리는 이 이상 더 한글 무시의 어리석음을 연장시킬 수 없다.

　③ 한글 전용으로, 한글의 기계화를 완성한다. 한글 타자기·한글 텔레타이프·한글 라이노타이프·한글 컴퓨터를 활용하여, 국민 생활의 비약적 발전을 이룩한다.

　④ 모든 학술어와 각 전문 용어를 한글로 적는다. 그리하여 배달 말의 순탄한 발달을 꾀한다.

　⑤ 신문은 한글로만 써야 한다. 우리 회원 각자가 한글만 쓰기를 실천하는 동시에 한글만 쓰기 운동의 광범위한 진흥을 위하여, 모든 신문은 한글로만 쓰기를 적극 촉구한다.

그 창립 당시의 임원은 다음과 같이 구성되었다.
　회　　　장 : 주요한
　부 회 장 : 이숙종, 김창귀(김동리), 최기철
　사무총장 : 이승화
　운영위원 : 이사 5인(주요한, 이숙종, 김창귀, 최기철, 이승화)과
　　　　　　　김성배, 문제안, 박갑천, 박종국, 신태민, 윤석중, 이응호,
　　　　　　　이재인, 정태시, 최운걸, 한갑수, 대학국어운동연합회 회장
　감　　　사 : 이호성 권승욱
　이 밖의 중앙위원 150여명

이 "실천회"는 1969년 7월 4일자로 문화공보부 장관의 사단법인의 허가를 받고, 8월 1일자로 법원 등기를 마치었다.(등기부에는 법인 설립 연월일이 1971년 5월 13일로 되어 있음)

취 지 문

한글이 반포된 지 이미 500년이 지났다. 한글은 배달 겨레와 그 운명을

같이하여, 겨레가 약해지면 한글이 빛을 잃고, 한글이 빛을 내면 나라도 힘이 세어졌다. 갑오경장의 기운을 타서, 한글이 처음으로 학교 교육에 등장하였고, 8.15 해방을 맞아 '한글 전용법'이 제정되고, '한글만 쓰기'로 한 교과서가 국민 교육에 사용되어 왔다.

이제 우리는 겨레 중흥의 역사적 사명을 띠고, 정치·경제·사회·문화들 각 방면으로 겨레의 새 생활력을 최대한으로 뻗치고 있다. …중략… 이렇듯 나라 힘이 고도의 발전을 보게 된 오늘날에, 한글이 또한 발전하지 않을 리가 없다.

정부에서는 1960년 초부터 한글 전용을 실시하기로 작정하고, 이를 추진 계획하고 있다. 이는 가까이는 해방 후 제헌 국회에서 정한 '한글 전용법'이 비로소 발효함을 뜻하는 것이 되며, 멀리는 세종대왕이 겨레와 나라의 영구 발전을 위하여 한글을 지어 내신 본의의 실현이 되는 것이라 하겠다.

한글과 같은 문명 발달의 최량의 기초 수단을 지니고 있으면서, 눈 뜨고도 글 못 보는 까막눈이가 되고, 높은 슬기를 가지고 있으면서 남과 같이 잘 살지 못하여 가난과 병고 속에서 허덕이던 국민이 이제야 비로소 한글의 잠재 능력을 충분히 이용함으로써, 세계의 앞선 나라들과 같이 잘 살고 행복스런 민주 나라를 만들 수 있게 되었다.

일제 압박 밑에서 한글 소멸 위기를 체험한 사회의 식자들, 한글이 나라 발전의 근본 힘임을 믿고, 그 완전 전용을 염원하여 오던 한글 학자·교육자·사회인 및 학생들이 이 기회를 잡아, 이에 한글 전용을 적극 실천 장려 완성을 위하여 '한글 전용 국민 실천회'를 발기하노니 ; 본 국민은 모두 협동함으로써, 민족 중흥의 대업 완성의 터전을 마련하기 바란다.

이 "사단법인 한글전용국민실천회"는 창립 초기 많은 활동을 전개하였다. 정부와 국회와 정당에 한글 전용 및 바른 국어 사용에 대한 건의를 비롯하여 관공서 및 각 단체에서 직장 무료 강습, 출판물 편집 및 교정 무료 봉사, 건설용어와 농업·상업 용어의 왜말 조사, 간판 업소 심방 무료 지도, 음식점 차림표 바로 잡아 주기, 우리말로 이름 지어 주기, 쉬운 말과 바른

말 자료 채집 및 제정 촉구, 한글 타자 전국 선수권 대회 개최, 한글 명함 무료로 선사하기, 한글 문패 달아주기 등등의 업적을 남겼다.

이렇듯 한글전용국민실천회는 재정 등 여러 가지 어려운 여건 속에서도 국어 순화 운동을 계속하였다. 그러던 중 1976년 6월 30일 거룩적인 국어 순화 운동을 조직화하고 국민의 언어 생활과 주체성을 드높이기 위하여 한글 전용과 국어 순화에 앞장서 오던 한글학회(이때 이사장 : 허 웅), 한글학회 부설 한글문화협회(회장 : 주영하), 사단법인 한글전용국민실천회(이때 회장 : 전택부), 우리말다듬기회(회장 : 고황경), 박종화, 이숙종, 주요한 님 등이 중심이 되어 세종호텔에서 제1회 조찬회를 열고 가칭 "세종회"를 창립하기로 하고 창립준비위원으로 주영하, 허 웅, 전택부 님을 뽑았다.

"세종회" 창립준비위원들은 여러 차례 모임을 가지고 위임 받은 사항을 검토하여 제2회 조찬회가 열린 1976년 7월 14일에 우리말 순화를 위한 운동체 조직에 대한 준비 사항을 보고하였다.

전국적으로 펼칠 국어 순화 운동의 모체 구실을 해 나갈 모임인 "세종회"는 첫째 잃어버린 말을 찾아 다듬고, 둘째 잘못된 말을 바로 잡으며, 셋째 불필요한 외래어는 몰아 내고, 넷째 국어 순화에 관한 자료 수집과 내용 연구를 하기로 하였다.

드디어 1976년 8월 20일 세종호텔 해금강 홀에서 33인의 세종회 발기회원이 모여 우리말 순화를 위한 모임을 겸한 제3회 조찬회를 가졌다. 이 자리에서 주요한 님이 임시 의장으로 추대되었고, 이사 15인과 감사 2인을 선출한 후, 단체 이름도 "세종회"를 "국어순화추진회"로 바꾸었으며, 이 모임의 목적과 사업 등을 밝힌 "국어순화추진회 헌장"(정관)을 채택하였다.

이 날 선출된 국어순화추진회 초대 임원들은 다음과 같다.
　　회　　　장 : 주요한
　　부 회 장 : 이숙종, 주영하, 허　웅
　　심의위원장 : 허　웅
　　운영위원장 : 전택부

이 　　 사 : 고황경, 곽종원, 김선기, 박종화, 안호상, 이관구, 이은상,
　　　　　　정인승, 한갑수, 홍종인
감 　　 사 : 윤석중, 이철경

국어순화추진회 헌장

제1조(목적) 이 모임은 우리말의 순화 운동을 조직화하여, 국민의 언어 생활을 바로 잡고 주체성을 드높이는 것을 목적으로 한다.
제2조(이름) 이 모임의 이름은 "국어순화추진회"라 하며, 그 사무실은 서울에 둔다.
제3조(사업) 이 모임의 사업은 다음 네 가지로 한다.
 1. 잃어버린 우리말을 되찾고 다듬어 순화시키는 일
 2. 잘못된 우리말을 바로잡고 필요 없는 외래어를 몰아 내는 일
 3. 올바른 우리말을 모든 국민에게 보급하는 일
 4. 우리말 순화를 맡고 있는 정부 기관 및 기존 단체와의 협력, 그 기능의 육성 및 강화, 서로의 융합된 힘으로써 민족 문화 발전에 이바지하는 일
제4조(회원) 회원은 우리말 순화에 종사하는 기존 단체의 장 및 그 회원, 이에 열의를 가진 각계각층의 지도자로 한다.
 다만, 회원은 2사람 이상의 회원의 추천과 이사 전원의 찬성으로써 된다.
제5조(이사회) 이사회는 이사 15사람으로서 조직하되, 이사회의 호선으로 다음의 임원을 둔다.
 회　　　장 : 1 사람
 부 회 장 : 3 사람
 심의위원장 : 1 사람
 운영위원장 : 1 사람
 이상 6사람의 임원은 이사회의 위임 사항을 처리한다.
 회장은 이 모임을 대표하여 회무를 통할하고, 총회, 이사회 및 임원회를

소집하고 그 의장이 된다.

부회장은 회장을 도우며, 회장이 사고가 있을 때에는 그 직무를 대항한다.

심의위원장은 심위위원회의 의장이 되고, 우리말의 연구 및 평가에 관한 일을 맡아 한다.

운영위원장은 운영위원회의 의장이 되고, 이 모임의 운영, 제정 및 사업 실천에 관한 일을 관장한다.

제6조(감사) 감사는 이 모임의 재정과 문서를 감사하며, 이사회에 출석하여 의견을 진술 할 수 있다.

제7조(선거) 이사와 감사의 선거는 매년 정기 총회에서 하며, 그 임기는 각각 3년으로 하고, 임기중에 결원이 있을 때에는 이사회가 이를 보선한다. 보결자의 임기는 전임자의 남은 기간으로 한다.

제8조(이사회의 처리 사항) 이사회가 처리할 사항은 다음과 같다.

1. 사업 계획
2. 예산과 결산
3. 총회에 제출할 의안 심의
4. 사업 보고
5. 재정의 관리와 보고
6. 위원회 설치와 폐지
7. 직원의 임면
8. 회원의 인준과 회비 책정
9. 세칙 및 규정의 제정 또는 개폐
10. 그 밖의 필요한 일들

제9조(총회) 총회는 정기 총회와 임시 총회로 하되, 정기 총회는 매년 1회 12월 중에, 임시 총회는 이사회의 결의에 따라 아무 때나 소집한다.

임시 총회는 통지한 의안만을 다룬다.

제10조(총회의 처리 사항) 정기 총회가 처리할 일들은 다음과 같다.

1. 이사 및 감사의 선거

2. 헌장 개정
3. 그 밖의 이사회가 부의하는 일들

제11조(조찬회) 조찬회는 회원 서로의 사귐 및 단결을 꾀하고, 회황 및 사회 여론 등을 들으며, 매달 1회 이상 정기로 모인다.

조찬회의 운영 세칙은 따로 정한다.

제12조(위원회) 이 모임의 운영과 사업 추진을 위하여 다음의 두 위원회를 둔다.

1. 심의위원회 : 우리말의 순화에 관한 연구, 심의, 평가 및 제정에 관한 일을 담당한다.
2. 운영위원회 : 이 모임의 운영과 재정 및 사업 실천에 관한 일을 담당한다.

위원회의 구성은 회원 중에서 담당 의장의 추천과 이사회의 인준으로써 하며, 심의위원장과 운영위원장이 각각 소관 위원회의 의장이 된다. 필요에 따라 분과위원회를 둘 수 있다.

제13조(지부) 이사회는 각 지방 또는 직장에다 지부를 둘 수 있다.

다만, 각 지부는 이 모임의 헌장 및 지부 설치 규정을 따라야 한다.

제14조(직원) 실무 직원의 종류와 직무는 다음과 같다.

사무국장 1사람
조사원 몇 사람
사무원 몇 사람

제15조(재정) 이 모임의 재산은 기본 재산과 보통 재산으로 한다. 세출은 다음의 세입으로써 충당한다.

1. 회　비
2. 찬조금
3. 보조금
4. 그 밖의 수입

제16조(부칙) 모든 회의의 의결은 재적원 과반수의 출석과 출석원 과반수의 찬성으로써 결정한다.

다만, 헌장 개정은 출석원의 3분의 2 이상의 찬성으로 결정한다,
제17조(시행일) 이 모임의 헌장은 총회에 통과한 날로부터 시행한다.

1976년 9월 9일 아침에 세종호텔에 모인 77인의 발기인 이름으로 창립 선언을 하면서 정식으로 "국어순화추진회"가 출발하게 되었다.
창립 발기인 77인의 명단과 창립 선언문은 다음과 같다.

창립 발기인

강석주 강한영 고황경 곽종원 김동리 김민수 김병화 김석득 김선기 김성배 김옥길 김정옥 김준성 김지용 김해성 류제한 모기윤 모윤숙 문선규 문제안 박대희 박만규 박목월 박종국 박종화 박지홍 방순원 백낙준 백 철 서정수 손보기 신봉조 안호상 오화섭 원홍균 윤석중 이관구 이규호 이덕호 이숙종 이어령 이용태 이운허 이은상 이응호 이 인 이종은 이천환 이철경 이현복 임근수 장덕순 장하일 전산초 전택부 정병욱 정인승 정비석 조진만 주영하 주요한 최승만 최옥자 최재희 최정호 최철해 최호연 한갑수 한창기 허 발 허 웅 홍웅선 홍종인 홍현설 황희영 등

창립 선언

 나랏말씀은 민족과 국가의 얼을 담은 그릇이요, 자주성을 지키며 단결력을 기르는 자원입니다.
 우리말 우리글이 있기 때문에 배달 민족은 하나가 될 수 있었고 남과 겨룰 수 있는 힘을 가져왔습니다.
 돌아보건대, 5천 년의 파란 겹친 역사를 통하여 밖으로부터의 시달림을 자주 받으면서도 민족적 독립과 단결을 지켜 온 것은 무엇보다도 우리의 말과 글의 힘이었다고 할 수 있지 않습니까?
 일찍이 중국 문자의 영향을 받았으되 이를 우리말 체계에 소화시키고 발

전시키면서 오늘에 이르렀습니다.

불행히도 최근세에 이르러 30여 년 동안 일본의 침략 밑에서 국어 말살의 위기를 맞이하였으나, 학자, 문인 및 전체 국민의 끈질긴 저항과 피나는 노력으로 말과 글을 지키어 온 것은 아직도 기억에 생생한 사실입니다.

뜻밖에도 광복 30년을 지내 온 오늘날에도 부분적으로 일본말의 잔재가 남아 있다는 것은 깊이 반성 자각해야 할 문제라고 하겠습니다.

한편 광복 뒤로, 적극적으로 서양 문명을 받아들이는 과정에서 외국말을 알게 모르게 함부로 쓰는 폐단도 생겨났으니 참으로 슬픈 일입니다.

무릇 어느 민족이거나 때로는 외국말의 영향을 받아 온 사례가 있고, 그것이 국가 발전에 기여한 경우도 없지 않으나, 지나친 외국말 도입은 민족의 자주성과 국어의 순수성을 더럽힐 수도 있는 것입니다. 따라서, 여러 나라들이 국가 정책으로 국어 정리 사업을 추진하고 있거니와, 우리나라도 최근에 정부 시책으로 국어 순화 운동을 추진하게 되었습니다.

오늘의 현실을 검토할 때에, 이는 시기에 알맞은 깨달음이라 하겠고, 우리 민족은 이때야말로 총력을 기울여서 외래어를 선택적으로 소화함으로써 자주성을 높이고 국민의 창조적인 발전을 꾀할 때를 맞이한 것입니다.

이에 뜻을 같이하는 동지들이 모여서, 국민의 자리에서 나랏말씀의 발전적인 순화 운동에 참여하기로 결심하고 추진회를 결성하였사오니, 나라와 민족을 사랑하는 모든 동포, 국민께서는 이 운동에 적극 참여하여 주심으로써 5천 년에 뻗친 단일 민족의 긍지를 북돋우며 자주성을 드높여 나라의 영광을 세계 위에 휘날리도록 다 함께 전진하십시다.

1976년 9월 9일

발기인 주요한 외 76 사람

1979년 10월 26일 제31회 정기 월례 조찬 모임에서 임시 총회를 열고 임원을 개선하였는데, 이때 제2대 회장으로 주영하 부회장이 추대되었다.

이 날 선출된 임원은 다음과 같다.
  회 장 : 주영하
  이 사 : 김석득, 김성배, 류제한, 신봉조, 안호상, 원흥균, 윤석중, 이관구,
         이철경, 전택부, 정비석, 정인승, 최재희, 허 웅
  감 사 : 박종국, 박대희
  1979년 11월 17일 초대회장으로서 회를 이끌어 오시던 주요한 님이 숙환으로 자택에서 돌아가시다.

  나. 사단법인 국어순화추진회로서의 새로운 출발

  1984년 10월 제71회 정기 월례 조찬 모임에서 국어순화추진회의 진로에 대하여 논의하였다. 특히 "사단법인 한글전용국민실천회"의 전택부 회장의 발언으로, 설립 취지가 거의 같고 사업도 비슷한 "국어순화추진회"와의 합병으로 더욱 적극적이고 구체적인 국어 순화 운동을 실천할 수 있겠다는 의견을 놓고 토의한 끝에 이를 승인하고 통합 절차에 대한 일을 회장단에게 일임하기로 하였다.
  그 뒤 그 해 12월 제73회 정기 월례 조찬 모임에서는 그 동안 "국어순화추진회"와 "사단법인 한글전용국민실천회"의 합동 이사회에서 결의한 두 모임의 합병에 대한 사항을 듣고, 사단법인체로서 출발할 추진회의 사무 절차는 회장단에게 다시 일임할 것을 결의하였다.
  드디어 1985년 3월 30일 제76회 정기 월례 조찬 모임에서 임시 총회를 열어 "사단법인 국어순화추진회"로서의 정관을 통과시키고, 임원을 다음과 같이 새로 선출하였다.
  회 장 : 주영하
  이 사 : 전택부, 허 웅, 이철경, 서정수
  감 사 : 박종국, 박대희

  그리하여 "사단법인 한글전용국민실천회"를 "사단법인 국어순화추진회"

로 고치는 정관 변경 및 임원 취임에 대한 승인 신청을 문화공보부에 내기로 결의하였다. 이로써 "국어순화추진회"는 사단법인으로서의 체제를 갖추게 되어, 1985년 4월 23일 문화공보부 장관의 승인을 얻자 더욱 활발한 활동을 계속 할 수 있게 되었다.

1989년 2월 28일 제111회 정기 월례 조찬 모임에서 정기 총회를 열고 임원 개선을 하였는데 전원 다음과 같이 유임을 가결하였다.
회 장 : 주영하
이 사 : 이철경, 전택부, 허 웅, 서정수
감 사 : 박종국, 박대희
※위의 임원 중에서 1992년 2월 28일 작고하신 이철경 님 대신 류제한 님이 이사로 선출되었다.

2005년 2월 28일 한글회관 회의실에서 정기 총회를 열고 임원을 다음과 같이 새로 선출하였다.
회　　장 : 주영하
부 회 장 : 박종국
이　　사 : 김계곤, 김석득, 서정수, 이봉원, 전택부, 차재경
사무총장 : 차재경(겸임)
감　　사 : 김철랑, 유운상
운영위원 : 이사·감사 10인외 김승곤, 문제안, 박대희, 오동춘, 이규채, 이대로, 이상보, 조재수, 최진용, 하정진 등 모두 20인

2011년 4월 8일 본회 창립에 공이 크실 뿐만 아니라, 초대 부회장에 선출되어 회를 실제로 이끄시는 등 헌신하다가 1979년 10월 26일 제2대 회장이 되신 후 32년 동안 회장으로서 국어 순화 운동을 앞장서서 사업비 등 거의 일체를 지원하시며 이끌어 오시던 주영하 님이 돌아가시다.

2012년 11월 6일 (화) 오후 5시 외솔회 회의실에서 본회 활성화를 위해 이사회를 열고, 2013년도 사업계획 및 예산, 임원 개선, 회원 회비 문제, 총회 개최 등을 의논하였다.

2012년 12월 6일 (금) 오후 4시 세종대왕기념사업회 회장실에서 정기 총회를 개최하여 본회 2013년 사업 계획 및 예산을 심의하고, 정관 변경에 대하여 의논함과 아울러 임원 선임을 한 바 새로 선임한 임원은 다음과 같다. (법원 등기는 2013년 6월 24일 자로 되어 있음)
회　　　장 : 박종국
부 회 장 : 리의도, 성낙수, 차재경
사무총장 : 차재경(겸직)
이　　　사 : 강현화, 고석주, 김석득, 김슬옹, 김정수, 김홍범, 박석준,
　　　　　　이봉원, 이재성, 이창덕, 전나영
감　　　사 : 김철랑, 이정택
고문 추대에 대하여는 회장에게 위임하여, 그 뒤 다음과 같이 4분을 고문으로 추대하다.
고　　　문 : 김석득, 김승곤, 이상보, 최옥자
※임원의 임기는 법원 등기에 2013년 4월 7일자 취임으로 되어 있음.

2013년 3월 21일 (목) 오후 5시 세종대왕기념사업회 회장실에서 임시 총회를 개최하여 주무부 정관 내규에 준하여 정관 변경을 하다.

2013년 4월 9일 (화) 문화체육관광부장관으로부터 정관 변경 허가를 받다.

2013년 6월 24일 (월) 법원에 정관 변경, 임원 변경, 주소 변경 등기를 마치다.
등기번호 : 000889

법인 등록번호 : 111121-0000310
주사무소 : 서울특별시 동대문구 회기로 56(청량리 산1-157번지)

2013년 8월 12일 (월) 오후 4시 세종대왕기념사업회 회장실에서 신임 이사회를 개최하여 2013년 사업 추진에 있어서 국어 순화 정책의 연구와 국어 순화 특별 용어집 발행에 관하여 의논한 바, 먼저 국어 순화에 관한 학술 강연회를 개최하기로 하였다.

2013년 10월 31일 (목) 본회가 앞으로 개최하는 학술 대회 이름을 "국어순화정책 학술대회"라고 정하고, 금년도 학술 대회를 다음과 같이 개최하기로 확정하다.
(1) 학술 대회명 : 제1회 국어순화정책 학술대회
(2) 학술 대회 일시 : 2013년 12월 20일 (금) 오후2시
(3) 학술 대회 장소 : 세종대왕기념관 강당
(4) 강연 주제와 연사
  (가) 우리말 순화의 원리 -우리말의 세계화를 내다보면서- : 김석득 (연세대학교 명예교수)
  (나) 청소년의 국어 순화와 지도 방안 : 성낙수 (한국교원대학교 교수)
  (다) 한국말 가다듬기 -국어 순화의 목표와 방법- : 김정수 (한양대학교 교수)

2013년 11월 11일 (월) 본회 소재지 변경에 따라 관할 세무서인 동대문세무서에 비영리 법인으로 등재하다.
고유번호증
고유번호 : 204-82-11876
단체명 : (사)국어순화추진회
대표자 성명 : 박종국
소재지 : 서울특별시 동대문구 회기로 56 (청량리동)

2013년 11월 12일 (화) 본회 은행 통장을 우리은행 청량리 지점에 개설하다.

계좌번호 : 1005-402-373050
예금과목 : 기업자유예금(우리 평생 통장)
단체명 : (사)국어순화추진회

다. 국어 순화를 위한 사업 활동

국어순화추진회가 창립 선언을 발표한 후 헌장(정관)의 사업 목적에 따라 활발한 활동을 시작하였다.

1976년 11월 29일 제4회 정기 월례 조찬 모임을 시작으로 그 뒤 여러 가지 사업 활동을 하였으니, 이를 요약해 보이면 다음과 같다.

☑ 정기 월례 조찬 연구 발표회 개최 : 220여회

☑ 국어 운동 단체 대표자 연수회 개최 : 1977년 11월 19일~20일(경기도 여주 인삼호텔)

☑ 학술 대회 개최 : 국어 순화 운동은 이대로 좋은가, 훈민정음의 음성 구조, 주시경 선생의 생애와 학문, 산업 사회의 교육 정책, 한국사를 어떻게 볼 것인가, 한국어의 기원, 세종별과 세종국제공항(후원) 등

☑ 국어순화추진회 총서 발행

제1집 《국어순화의 길》(1978년 4월 20일 수도여사대 출판부 발행)
제2집 《나라글 사랑과 이해》(1985년 6월 10일 종로서적출판주식회사 발행)
제3집 《우리말 순화의 어제와 오늘》(1989년 4월 25일 미래문화사 발행)

(한글전용법 공포 40돌 기념)
≪순화추진회가 걸어온 길≫(1981년 10월)
≪한글과 겨레 문화≫(1996년 9월 30일 과학사 발행)(국어순화추진회 창립 20돌 기념)

▨ 건의서 : 말글 정책에 대한 건의서 냄 (대통령, 문교부장관 등)
　　　　　글자 생활과 글자 교육에 대한 건의서 냄
　　　　　세종국제공항에 대한 건의서 냄

▨ 성명서 : 새 헌법 표현에 대한 성명서 발표 등

▨ 기념 행사 : 한글날·세종날 기념 행사 공동 주최
창립 5돌 기념 행사 (1981년 10월 7일 오후 6시 세종호텔)
창립 10돌 기념 행사 (1986년 10월 7일 오후 3시 30분 세종호텔)
※이 날 창립 10돌 기념 "우리말 순화 토론회" 개최 (주제 : 외국말 홍수를 어떻게 할 것인가? 우리말 순화의 올바른 방법은 무엇인가?)
　한글 전용법 공포 40돌 기념 "우리말 순화 토론회" 개최(1989년 4월 27일, 주제 : 우리말 순화는 어디까지 왔나-신문 글자, 잡지 글자, 방송 말씨, 한글 정책-)

▨ 마리산 이름 되찾기 국민 대회 개최 (1990년 3월 22일 오후 4시 서울 언론 회관 19층)

▨ 제1회 국어순화정책 학술대회
때 : 2013년 12월 20일 (금) 오후 2시~4시
곳 : 세종대왕기념관 강당
주최 : 국어순화추진회
후원 : 세종대왕기념사업회, 한글재단

주제 발표
- 우리말 순화의 원리 -우리말의 세계화를 내다보면서- : 김석득
- 한국말 가다듬기 -국어 순화의 목표와 방법- : 김정수
- 청소년의 국어 순화와 지도 방안 : 성낙수

※ 발표 논문집 발간함

☒ 그 밖의 사업 : 한글 문화 단체 행사 후원 및 지원

라. 사단법인 국어순화추진회 정관 (2013. 4. 9 현재)

제1장 총 칙

제1조 (명칭) 본 법인은 사단법인 국어순화추진회(이하 본회라 한다)라 한다.

제2조 (소재지) 본회의 본부는 서울특별시에 두며, 필요한 곳에 지부를 둘 수 있다.

제3조 (목적) 본회는 온 국민이 국어를 순화하게 함으로써 말글 생활의 민주화와 민족 문화의 향상을 꾀함을 그 목적으로 삼는다.

제4조 (사업) 본회는 제3조의 목적을 달성하기 위하여 다음의 사업을 한다.
1. 국어 순화를 효과적으로 이끌기 위한 범 국민 운동의 전개
2. 국어 순화에 관한 계몽, 선전 및 강습회 및 세미나 개최
3. 한글의 기계화 촉진
4. 기관지 및 서적 간행
5. 옛 문헌의 번역 간행
6. 어려운 한자말과 생소한 외국말을 쉬운 말로 고치기
7. 학술 용어 및 전문 용어의 제정
8. 국어 순화 정책의 연구 및 정부에의 건의

9. 그 밖의 본회의 목적을 수행하기 위하여 필요한 모든 사업들

제2장 회 원

제5조 (회원의 자격 및 종류) ① 본회의 설립 목적과 취지에 찬동하는 이나 단체로 소정의 입회 신청서를 내어서 이사회의 승인을 받아야 한다.
② 본회 회원의 종류는 다음과 같다.
 1. 일반 회원 : 일반 개인
 2. 단체 회원 : 법인체, 기업체, 사회단체
제6조 (회원의 권리) 본회의 회원은 정관이 정하는 바에 의하여 선거권 및 피선거권이 있으며, 본회 사업에 참여하고 본회 발간 출판물을 받을 수 있다.
제7조 (회원의 의무) 본회의 회원은 다음과 같은 의무를 가진다.
 1. 정관 및 여러 규정의 준수
 2. 총회, 이사회에서 결의된 사항을 준수한다.
 3. 국어 순화를 몸소 실천하며, 친구와 그 이웃에도 이를 권유한다.
 4. 이사회에서 정한 연회비를 회계 연도 안에 납부한다.
제8조 (회원의 탈퇴) 본회 회원이 탈퇴하고자 할 때에는 회장에게 탈퇴서를 제출함으로써 자유롭게 탈퇴할 수 있다.
제9조 (징계) 본회 회원이 본회의 명예를 손상하거나 본회의 목적에 위반하는 행위가 있을 때, 또는 의무를 이행하지 아니할 때에는 이사회의 결의로써 제명 혹은 견책 등의 징계를 할 수 있다.

제3장 임 원

제10조 (임원의 종류와 정수) 본회는 다음의 임원을 둔다.
 1. 회   장 : 1인
 2. 부 회 장 : 3인

3. 사무총장 : 1인
  4. 이   사 : 회장, 부회장, 사무총장 전원 포함 15인 이내
  5. 감   사 : 2인
제11조 (임원의 선임) ① 본회 임원은 총회에서 선출하고, 선출된 임원은 3주 이내 관할 법원에 등기를 필한 후 그 결과를 문화체육관광부장관에게 보고하여야 한다.
  ② 본회 임원의 보선은 결원이 발생한 날로부터 2개월 이내에 하여야 한다.
  ③ 본회 새로운 임원의 선출은 임기 만료 2개월 전까지 하여야 한다.
제12조 (임원의 해임) 본회의 임원이 다음 각 호의 1에 해당하는 행위를 할 때에는 총회의 의결을 거쳐 해임할 수 있다.
  1. 본회의 목적에 위배되는 행위
  2. 임원간의 분쟁, 회계 부정 또는 현저한 부당행위
  3. 본회의 업무를 방해하는 행위
제13조 (임원의 선임 제한) ① 본회 임원의 선임에 있어서 이사는 이사 상호간의 민법 제777조에 규정된 친족 관계에 있는 자가 이사 정수의 반을 초과할 수 없다.
  ② 본회 감사는 감사 상호간 또는 이사와 민법 제777조에 규정된 친족 관계가 없어야 한다.
제14조 (임원의 임기) ① 본회의 임원의 임기는 이사 3년, 감사 2년으로 하며 연임할 수 있다.
  ② 보궐 선임에 의한 임원의 임기는 전임자의 남은 임기로 한다.
제15조 (임원의 직무) ① 회장은 본회를 대표하고 본회 업무를 총괄하며, 총회 및 이사회의 의장이 된다.
  ② 이사는 이사회에 출석하여 본회의 업무에 관한 제반 사항을 의결하며, 이사회 또는 회장으로부터 위임받은 사항을 처리한다.
  ③ 감사는 다음의 직무를 행한다.
  1. 본회의 재산 상황을 감사하는 일

2. 총회 및 이사회의 운영과 그 업무에 관한 사항을 감사하는 일
3. 제1호 및 제2호의 감사 결과 부정 또는 불법한 점이 있음을 발견한 때에는 이사회 또는 총회에 그 시정을 요구하고, 문화체육관광부장관에게 보고하는 일
4. 제3호의 시정 요구 및 보고를 하기 위하여 필요한 때에는 총회 또는 이사회의 소집을 요구하는 일
5. 총회 및 이사회에 출석하여 의견을 진술하는 일

제16조 (회장 직무 대행) ① 회장이 사고가 있을 때에는 회장이 지명하는 부회장이 회장의 직무를 대행한다.
② 회장이 궐위 되었을 때에는 부회장 중에서 연장자 순으로 회장의 직무를 대행한다.
③ 제 2항의 규정에 의하여 회장의 직무를 대행하는 자는 지체 없이 회장 선출의 절차를 밟아야 한다.

제17조 (고문) ① 본회의 발전을 위하여 고문 약간인을 둔다.
② 고문은 이사회의 승인을 얻어 회장이 추대한다,

제4장 총 회

제18조 (총회의 구성) ① 총회는 본회의 최고 의결기관이다.
② 총회는 일반 회원·단체 회원으로써 구성하되, 다음 각 호와 같이하여 구성한다.
1. 일반 회원(일반 개인) 전원
2. 각 단체 회원의 대표 1인씩

제19조 (구분 및 소집) ① 총회는 정기총회와 임시총회로 구분하여, 회장이 이를 소집한다.
② 정기총회는 매 회계년도 개시 1개월 전까지 소집하며, 임시총회는 회장이 필요하다고 인정할 때에 소집한다.
③ 총회의 소집은 회장이 회의 안건·일시·장소 등을 명기하여 회의 개

시 7일 전까지 문서로 각 회원에게 통지하여야 한다.

제20조 (소집의 특례) ① 회장은 다음 각 호의 1에 해당하는 소집 요구가 있을 때에는 그 소집 요구일로부터 20일 이내에 총회를 소집하여야 한다.
1. 재적 이사 과반수가 회의의 목적을 제시하여 소집을 요구한 때
2. 제15조 제3항 제4호의 규정에 의하여 감사가 소집을 요구한 때
3. 재적 회원 3분의 1 이상이 회의의 목적을 제시하여 소집을 요구한 때
② 총회 소집권자가 궐위되거나 또는 이를 기피함으로써 7일 이상 총회 소집이 불가능한 때에는 재적 이사 과반수 또는 재적 회원 3분의 1 이상의 찬성으로 총회를 소집할 수 있다.
③ 제2항의 규정에 의한 총회는 출석 이사 중 최연장자의 사회 아래 그 의장을 선출한다.

제21조 (의결 정족수) ① 총회는 재적 회원 과반수의 출석으로 개의하고 출석 회원 과반수의 찬성으로 의결한다. 다만, 가부 동수인 경우에는 의장이 결정권을 갖는다.
② 총회의 의결권은 총회에 참석하는 다른 회원에게 서면으로 위임할 수 있다. 이 경우 위임장을 총회 개시 전까지 의장에게 제출하여야 한다.

제22조 (총회의 기능) 총회는 다음 사항을 의결한다.
1. 사업계획의 승인에 관한 사항
2. 예산 및 결산의 승인에 관한 사항
3. 본회의 해산 및 정관의 변경에 관한 사항
4. 임원 선출과 해임에 관한 사항
5. 기본 재산의 처분 및 취득과 자금의 차입 및 대여에 관한 사항
6. 그 밖의 중요 사항

제23조 (총회의결의 제한 사유) 회원이 다음 각 호의 1에 해당하는 때에는 그 의결에 참여하지 못한다.
1. 임원의 해임에 있어 자신에 관한 사항을 의결할 때
2. 금전 및 재산의 수수 또는 소송 등을 수반하는 사항으로서 자신과 법

인의 이해가 상반될 때.

제5장 이사회

제24조 (구성) 본회의 이사회는 재적 이사로써 구성한다.

제25조 (구분 및 소집) ① 이사회는 정기이사회와 임시이사회로 구분하며, 소집은 회장이 한다.

② 정기이사회는 매 회계 연도 개시 1개월 전까지 소집하며, 임시이사회는 회장이 필요하다고 인정할 때에 소집한다.

③ 이사회의 소집은 회장이 안건·일시·장소 등을 명기하여 회의 개시 7일 전까지 문서로 각 이사 및 감사에게 통지하여야 한다.

④ 이사회는 제3항의 통지 사항에 한해서만 의결할 수 있다.

제26조 (이사회 소집의 특례) ① 회장은 다음 각 호의 1에 해당하는 소집 요구가 있을 때에는 그 소집 요구일로부터 20일 이내에 이사회를 소집하여야 한다.

1. 재적이사 과반수가 회의의 목적을 제시하여 소집을 요구한 때
2. 제15조 제3항 제4호의 규정에 의하여 감사가 소집을 요구한 때

② 이사회 소집 권자가 궐위되거나 또는 이를 기피함으로써 7일 이상 이사회 소집이 불가능할 때에도 재적이사 과반수의 찬성으로 이사회를 소집할 수 있다.

③ 제2항의 규정에 의한 이사회는 출석이사 중 최연장자의 사회 아래 그 의장을 선출한다.

제27조 (의결 정족수) ① 이사회는 재적이사 과반수의 출석으로 개의하고, 출석이사 과반수의 찬성으로 의결한다. 다만, 가부 동수인 경우에는 의장이 결정한다.

② 이사회의 의결권은 위임할 수 없다.

제28조 (서면 결의 금지) 본회의 이사회 의결은 서면 결의에 의할 수 없다.

제29조 (이사회의 기능) 이사회는 다음 각 사항을 심의·의결한다.

1. 총회 결의 사항과 업무 집행에 관한 사항
2. 총회에 부의할 안건의 작성
3. 사업계획의 운영에 관한 사항
4. 예산서와 결산서에 관한 사항
5. 재산 관리에 관한 사항
6. 사무처 규정의 제정에 관한 사항
7. 회비의 책정에 관한 사항
8. 고문 추대에 관한 사항
9. 회원 징계에 관한 사항
10. 본회의 운영상 중요하다고 회장이 부의하는 사항
11. 그 밖의 필요한 사항

제6장 재산 및 회계

제30조 (재산의 구분) 본회의 재산은 다음과 같이 기본재산과 보통재산으로 구분한다.
1. 기본재산은 본회 이사회에서 기본재산으로 편입할 것을 의결한 재산으로 한다.
2. 보통재산은 기본재산 이외의 일체의 재산으로 한다.

제31조 (기본재산의 처분 등) ① 본회의 기본재산을 처분(매도·증여·임대·교환 또는 담보로 제공을 포함한다)하고자 할 때에는 미리 문화체육관광부장관의 승인을 받아야 한다.
② 본회가 의무의 부담, 권리의 포기 및 기채를 하고자 할 때에는 총회의 의결을 거쳐야 한다.

제32조 (수입금) 본회의 수입금은 회원의 회비, 보조금, 찬조금, 기부금, 후원금, 기본재산으로부터 발생하는 과실금 및 기타의 수입으로 충당한다.
다만, 회비 액수와 징수 방법은 이사회에서 정한다.

제33조 (차입금) 본회가 목적 사업을 위하여 장기 차입을 하고자 할 때에

는 이사회의 의결을 거쳐 총회의 승인을 얻어야 한다.

제34조 (회계 연도) 본회의 사업년도는 정부의 회계 연도에 따른다.

제35조 (예산 편성) 본회의 세입·세출 예산은 매 회계 연도 개시 1월 전까지 편성하여 이사회의 의결을 거쳐 총회의 승인을 얻어야 한다.

제36조 (결산) 본회는 매 회계 연도 종료 후 2개월 이내에 결산서를 작성하여 이사회의 의결을 거쳐 총회의 승인을 얻어야 한다.

제37조 (회계 감사) 감사는 본회의 회계 감사를 연 2회 이상 실시하여야 한다.

제38조 (임원의 보수) 임원에 대하여는 보수를 지급하지 아니한다. 다만, 업무 수행에 필요한 실비는 지급할 수 있다.

제7장 조직 및 사무기구

제39조 (사무처) 회장의 지시를 받아 본회의 사무를 처리하기 위하여 사무처를 둔다.
 1. 사무처에는 사무총장 1인을 두고, 필요한 직원을 둘 수 있다.
 2. 사무총장은 이사회의 의결을 거쳐 회장이 임면한다.
 3. 사무처의 조직 및 운영에 관한 사항은 이사회의 의결을 거쳐 별도로 정한다.
 4. 본회의 회원으로서 사무처의 업무를 보조하기 위하여 각 사업 부문별로 약간 명의 업무 보조자를 총회의 승인을 얻어 회장이 임면할 수 있다.

제40조 (위원회) 본회의 사업 수행 상 필요가 있을 때는 이사회의 결의로 전문가로 구성하는 위원회를 둘 수 있다.
 1. 위원회 운영상 상근 위원을 두고자 할 때에는 이사회에서 의결하며 위원은 회장이 위촉한다.
 2. 위원회의 규정은 이사회 의결을 거쳐 별도로 정한다.

제41조 (지부 설치) ① 제2조에 의한 지부의 설치는 이사회 의결이 있어야 하며, 지부의 임원 선출과 기타 운영에 관한 사항은 본회의 정관을 준용

한다.

② 지부의 조직 운영에 관한 사항은 이사회 의결을 거쳐 별도로 정한다.

제8장 보 칙

제42조 (법인 해산) ① 본회가 해산하고자 할 때에는 총회에서 재적 회원 3분의 2 이상의 찬성으로 의결하여 해산하고, 그 해산에 관하여 문화체육관광부장관에게 신고하여야 한다.

② 본회가 해산한 때의 잔여 재산은 총회의 의결을 거쳐, 국가, 지방자치단체 또는 본회와 유사한 목적을 가진 비영리 법인에 기증한다.

제43조 (정관 변경) 본회의 정관을 변경하고자 할 때에는 총회에서 출석 회원 과반수이상의 찬성으로 의결하여 문화체육관광부장관의 허가를 받아야 한다.

제44조 (등기 보고) 본회가 민법 제49조 내지 제52조의 규정에 의하여 법인 설립 등의 등기를 한 때에는 10일 이내에 등기부등본 1부를 문화체육관광부장관에게 제출하여야 한다.

제45조 (규칙 제정) 이 정관에 정한 것 외에 본회의 운영에 관하여 필요한 사항은 이사회의 의결을 거쳐 규칙으로 정한다.

제46조 (준용 규정) 본회는 본 정관에 규정되지 아니한 사항은 「민법」 중 사단법인에 관한 규정과 「문화체육관광부 및 문화재청소관 비영리법인의 설립 및 감독에 관한 규칙」을 준용한다.

부 칙

제1조 (시행일) 이 정관은 문화체육관광부장관의 설립허가를 받아 법원에 등기를 한 날로부터 시행한다.

제2조 (경과 조치) 본회의 초대 임원은 창립총회에서 선출하고, 그 밖의 설립에 필요한 사항은 초대 이사회에 맡겨서 처리한다.

마. 국어순화추진회 회원

강영숙 강현화 고석주 길양희 김구진 김석득 김슬옹
김승곤 김용석 김정수 김철랑 김한빛나리 김홍범 노영수
리의도 박석준 박우철 박은화 박종국 박충순 박형우
배우리 성기지 성낙수 송 현 심재명 안재응 여찬영
오동춘 원광호 유운상 이규채 이대로 이봉원 이상보
이상섭 이응호 이재성 이정택 이종은 이창덕 이해철
이현복 임용기 전나영 정의순 정재도 정현기 정호완
조재수 주경은 차재경 최기호 최용기 최동식 최옥자
최진용 한무희 한상범 한송화 허 발 홍현보

생활 순화어

생활 순화어 심의위원

김석득 김정수 리의도 박종국 성낙수 차재경

생활 순화어 수집정리 연구원

박은화

순화 대상(말밑)	순화어
가가미(鏡, かがみ)	거울
가감(加減, かげん)	더하고 빼기, 더덜, 덧뺄셈
가감승제(加減乘除, かげんじょうじょ)	더덜곱난, 덧뺄곱나눌셈
가건물(假建物, かりたてもの)	임시 건물
가게모지(影文字, かげもじ)	그늘글자
가계약(假契約, かりけいやく)	임시계약
가고(籠子, かご)	바구니
가네가타/가네까다(金型, かねがた)	(쇠)거푸집
가네키리/가네끼리(金切, かねきり)	쇠톱
가도집/가돗집(角-, かど-)	모퉁잇집
가든파티(영 garden party)	마당잔치, 뜰잔치
가라(カラー, 영 collar)	(옷)깃
가라(空, から)	빈(것)
가라(柄, から)	무늬, 감
가라스(ガラス, 네 glas, 영 glass)	유리(잔)
가라오케(空オケ, からオケ, 영 -orchestra)	녹음 반주
가라테/가라데(唐手, 空手, からて)	당수
가료(加療, かりょう)	치료, (병) 고침
가리(假, かり)	①임시 ②빌림
가리방(がり版, かりばん)	줄판
가마보코/가마보꼬(蒲鉾, かまぼこ)	어묵, 생선묵
가미소리(剃刀, かみそり)	면도기
가바야키/가바야끼(蒲燒)	장어구이
가베(壁, かかべ)	벽(붙이기)
가봉(假縫, かりぬい)	시침(질)
가부라/카부라(鏑, かぶら)	접단
가부시키/가부시끼(株式, かぶしき)	①주식 ②추렴
가불(假拂, かりばらい)	임시 지급, 임시 치름
가소린/까소링(ガソリン, 영 gasoline)	휘발유, 가솔린
가식(假植, かりうえ, かしょく)	임시심기
가십(영 gossip)	수다질
가열육(加熱肉)	익은 고기
가오(顔, かお)	얼굴, 낯
가운(영 gown)	덧옷

순화 대상(말밑)	순화어
가이단/가이당(階段, かいだん)	계단, 층층대
가이드(영 guide)	안내(원)
가이드북(영 guidebook)	안내 책
가이리(일 かいり)	잔멸치
가지불(假支拂, かりしはらい)	임시 지급, 임시 치름
가차압(假差押, かりさしおさえ)	가압류
가처분(假處分, かりしょぶん)	임시 처분
가카리/가까리(係, かかり)	담당
가케모치/가께모찌(掛持, かけもち)	겹치기
가케우동/가께우동(掛饂飩, かけうどん)	가락국수
가쿠/가꾸(額, がく)	틀, 액자
가쿠/가꾸(逆, ぎゃく)	반대치기(당구), 거꿀치기
가쿠목/가꾸목(角木, 角材, かくざい)	각목
가쿠부치/가꾸부찌(額緣, がくぶち)	①틀, 액자 ②창문선(건축)
가타/가다(肩, かた)	어깨, 불량배
가타/가다(型, かた)	거푸집
가타로구/가다로구(カタログ, 영 catalogue)	본보기책
가타마리/가다마리(固まり, かたまり)	덩어리, 뭉치
가타마에/가다마이(片前, かたまえ)	외줄단추옷
가타쿠리/가다꾸리(일 片栗, かたくり粉, かたくりこ)	녹말가루
가필(加筆, かひつ)	글손질
각반(脚絆, きゃはん)	행전
각위(各位, かくい)	여러분
간데라(カンデラ, 영 candela)	호롱등
간란/간낭/감람(甘藍, かんらん)	양배추
간조(勘定, かんじょう)	(삯)셈
간즈메/간스메(罐詰, カンづめ, 영 can-)	통조림
간지/칸지(感, かんじ)	느낌
간채류(幹菜類)	줄기채소
간키리/깡기리(罐切, カンきり, 영 can-)	깡통 따개
간키리/깡끼리(罐切り)	깡통 따개
간테라/간데라(カンテラ, 포 candelaar)	호롱등
감과앵도(甘果櫻桃)	단앵두

순화 대상(말밑)	순화어
감람(甘藍)	양배추
감봉(減俸, げんぽう)	봉급 깎기
감사(監査, かんさ)	지도검사
감옥촉서(甘玉蜀黍)	단옥수수
감저(甘藷)	고구마
감주(甘酒)	단술
갑종(甲種, こうしゅ)	1급, 으뜸
강력분(强力粉)	찰밀가루
개간(開墾, かいこん)	(땅)일구기
개그(영 gag)	재담, 익살
개그맨(영 gagman)	익살꾼, 재담꾼
개런티(영 guarantee)	출연료
개인계(改印届, かいいんとどけ)	도장갈이 신고
개찰구(改札口, かいさつぐち)	표 보이는 곳, 표 찍는 데
갤러리(영 gallery)	①화랑, 그림방 ②골프구경꾼
갭(영 gap)	틈, 차이
갱미(秔米)	멥쌀
갱백미(秔白米)	멥쌀
거래선(去來先, きょらいさき)	거래처
거류(居留, きょりゅう)	머물러 삶
건면(乾麵)	마른국수
건미역(乾-)	마른미역
건시(乾柿)	곶감
건육(乾肉)	마른고기
건율(乾栗)	말린밤
건조과실(乾燥果實)	말린과실
건초(乾草, 干草, ほしくさ)	마른 풀
건폐율(建蔽率, けんぺいりつ)	집자리(비)율
건표고(乾-)	마른표고, 말린 표고
검사역(檢査役, けんさやく)	검사인, 검사원
검시(檢屍, けんし)	시체 검사, 검시(檢屍)
검식(檢食)	음식 검사
검침원(檢針員, けんしんいん)	(계량기) 조사원
게라(ゲラすり, 영 galley-)	①활자판 상자 ②교정쇄
게스트(영 guest)	(초대)손님

순화 대상(말밑)	순화어
게임(영 game)	겨루기
게임메이커(영 game maker)	주도 선수
겐세이(牽制, けんせい)	견제
겐치석/겐찌석(間知石, 間地石, けんちいし)	송곳닛돌[犬齒石], 축댓돌
겐토/겐또(見當, けんとう)	가늠, 어림짐작
겐페이/겜뻬이/겜페이(源平, げんぺぃ)	편가르기
격납(格納, かくのう)	넣어둠
격무(激務, げきむ)	고된 일, 된 일
격별(格別, かくべつ)	각별
격자문(格子門, こうしもん)	문살문
견본(見本, みほん)	본, 본보기
견습(見習, みならい)	수습
견습기자(見習記者, みならいきしゃ)	수습기자
견양(見樣, みよう)	서식, 보기, 본(보기)
견적(見積, みつもり)	추산(推算), 어림셈
견적서(見積書, みつもりしょ)	추산서(推算書), 어림발기
견학(見學, けんがく)	보고배우기
결근계(缺勤屆, けっきんとどけ)	결근 신고(서)
결로(結露, けつろ)	이슬 맺이
결석계(缺席屆, けっせきとどけ)	결석 신고(서)
결손(缺損, けつそん)	모자람, 축(남)
결집(結集, けつしゅう)	(한데) 모음
경관(景觀, けいかん)	(아름다운) 경치
경락(競落, せりおとし)	경매차지
경상(輕傷, けいしょう)	가벼운 상처, 조금 다침
경어(敬語, けいご)	높임말, 존댓말
경직(硬直, こうちょく)	굳음, 뻣뻣함
경품(景品, けいひん)	덤상품
경합(競合, せりあい)	겨룸
계란(鷄卵)	달걀
계란과자(鷄卵菓子)	달걀과자
계란마키(卵卷, たまごまき)	달걀말이, 계란말이
계육(鷄肉)	닭고기
계주(繼走, けいそう)	이어달리기

순화 대상(말밑)	순화어
계출(屆出, とどけで, とどけいで)	신고(申告)
고노와타/고노와따(海蔘腸)	해삼창자
고미(古米)	묵은 쌀
고바(일 小羽)	잔멸치
고바이(勾配, こうばい)	물매, 기울기, 오르막, 비탈
고보/고보오(일 牛蒡)	우엉
고부(五分, ごぶ)	①닷푼 ②반
고부가리(일 五分刈り, ごぶがり)	오푼 깎기, 닷푼 깎기
고뿌(コップ, 네 kop)	잔, 컵
고삼(苦蔘)	너삼
고수부지(高水敷地, －しきち)	둔치
고싯쿠/고지꾸(ゴシック, 영 Gothic)	①고딕 ②돋움체, 고딕체
고지(告知, こくち)	알림
고참(古參, こさん)	선임(자)
고타쓰/고다쓰(こたつ)	무릎난로
고테/고데(鏝, こて)	①(머리)인두(질), 머리지지개 ②흙손
곡자(麴子/麵子)	누룩
곤냐쿠/곤냐꾸(菎蒻, こんにゃく)	①구약나물, 구약감자 ②우무
곤다테효/곤따데표(일 獻立表)	차림표
곤로(焜爐, こんろ)	풍로, 화로
곤부/곤포(昆布)	다시마
곤색(紺色, こんいろ)	감색(紺色), 검남색, 진남색
곤약(菎蒻, こんにゃく)	①구약나물, 구약감자 ②우무
곤조/곤죠오(根性, こんじょう)	마음보
골인(영 goal in)	득점, 성공
곰장어	먹장어
공구리(コンクリート, 영 concrete)	양회반죽
공기(空器)	빈그릇
공란(空欄, くうらん)	빈칸
공람(供覽, きょうらん)	돌려봄
공석(空席, くうせき)	빈자리
공시(公示, こうじ)	알림

순화 대상(말밑)	순화어
공임(工賃, こうちん)	품삯
공장도가격(工場渡價格, こうじょうわたしかかく)	공장값
공제(控除, こうじょ)	뗌, 뺌
공중(公衆, こうしゅう)	뭇사람
과물(果物, くだもの)	과일, 과실
과세(課稅, かぜい)	세 매김
과소비(過消費, かしょうひ)	너무 쓰기
과실(果實)	열매
과육(果肉)	열매살
과잉(過剩, かじょう)	지나침, 넘침
과즙(果汁)	과일즙
과채류(果菜類)	열매채소(류)
괘도(掛圖, かけず)	걸그림
교맥(蕎麥)	메밀
교정스리(校正刷,こうせいいずり)	교정쇄, 준밀이(인쇄)
구가타/구가다(舊型, きゅうがた)	낡틀
구근(球根, きゅうこん)	알뿌리
구독(購讀, こうどく)	사(서) 읽음
구락부(俱樂部, クラブ, 영 club)	모임, 동아리
구로(黑, くろ)	검정
구루마(車, くるま)	수레, 달구지
구릿푸/구립뿌(クリップ, 영 clip)	종이집게, 클립, 틀집게(미술)
구사리/쿠사리(腐, くさり)	면박, 핀잔
구세/쿠세(癖, くせ)	①버릇, 습관 ②몸새, 다트(봉제)
구인(拘引, こういん)	끌어감
구입(購入, こうにゅう)	사들임
구좌(口座, こうざ)	계좌
구주리(歐洲李)	유럽자두
구주율(歐洲栗)	유럽밤
구주종포도(歐洲種葡萄)	유럽포도
구지비키/구지비끼(籤引, くじびき)	제비뽑기, 추첨
구치/구찌(口, くち)	몫

순화 대상(말밑)	순화어
구치베니/구찌베니(口紅, くちべに)	입술연지
구치판치/구찌빤찌(ロペンチ, くちペンチ, 영 punch)	입심, 말솜씨
궐석재판(闕席裁判, けっせきさいばん)	결석 재판
그라운드(영 ground)	경기장, 운동장
그랑프리(프 grand prix)	대상(大賞), 큰상, 으뜸상
그래프(영 graph)	그림표, 도표
그레이드업하다(영 upgrade-)	상승시키다, 개선하다
그로테스크하다(영 grotesque-)	이상야릇하다, 기괴하다
그린벨트(영 greenbelt)	개발 제한 구역, 녹지대
그릴(영 grill)	양식집
근거리(近距離, きんきょり)	가까운 거리
글라스(영 glass)	유리, 유리잔
글로벌리즘(영 globalism)	세계지향주의
금반(今般, こんぱん)	이번
금회(今回, こんかい)	이번
급사(給仕, きゅうじ)	심부름 아이, 사환, 사동
기라성(綺羅星, きらぼし)	빛나는 별
기렛파시/기레빠시(切端, きれっぱし)	①끄트러기, 자투리 ②곁들이, 곁들이 음식
기리카에/기리까이(切替, きりかえ)	바꾸기, 갈아대기
기마에/기마이(氣前, きまえ)	호기, 선심
기상(起床, きしょう)	일어남
기소(基礎, きそ)	기초, 밑바탕
기아(ギア, 영 gear)	톱니바퀴, 변속장치
기입(記入, きにゅう)	써 넣음
기중(忌中, きちゅう)	상중(喪中)
기중기(起重機, きじゅうき)	들틀, 들기계
기즈/기스(傷, きず)	흠(집)
기증(寄贈, きぞう)	드림, 바침
기지(生地, きじ)	천, 옷감, 감
길경(桔梗)	도라지
꼬붕(子分, こぶん)	부하
낑깡(金柑, きんかん)	금귤, 동귤(童橘)
나가레/나가리(流, ながれ)	①유찰 ②깨짐

순화 대상(말밑)	순화어
나도(糯稻)	찰벼
나라비/나래비(並, ならび)	줄서기
나라시(均, ならし)	①고르기, 고루 펴기, 고루 놓기 ②길들이기
나라즈케/나르즈께(奈良漬)	참외절임
나마가시(生菓子, なまがし)	생과자, 진과자
나마비루(生麥酒, なまビール, 독 -bier, 영 -beer)	생맥주
나맥(裸麥)	쌀보리
나미(糯米)	찹쌀
나백미(糯白米)	찹쌀
나베우동(일 鍋饂飩, なべうどん)	냄비국수
나염(捺染, なつせん)	무늬찍기
나오시(直, なおし)	고침질
나이타(ナイタ, 영 nighter)	야간 경기, 밤 경기
나카마/나까마(仲間, なかま)	거간, 중간상, 한패
나카무네/나까무네(일 中胸)	(생선)뼈튀김
낙과(落果, らつか)	①떨어진 과실 ②열매 떨어짐 ③진열매
낙화생(落花生)	땅콩
난(卵)	알, 달걀
난닝구(ランニング, 영 running shirts)	러닝 셔츠
난센스(영 nonsense)	당찮은 말, 당찮은 일 말도 안 됨, 무의미
난어묵(卵魚-)	알어묵
난조(亂調, らんちょう)	엉망, 흐트러짐, (경제) 어지런 상태
난황(卵黃)	노른자위, 노른자
남바/남버(ナンバ, 영 number)	번호, 호, 수, 홋수
남발(濫發, らんぱつ)	마구 내기, 함부로 냄
남벌(濫伐, らんぱつ)	마구 베기, 함부로 벰
납기(納期, のうき)	내는 기한
납득(納得, なつとく)	이해, 알아들음
납입(納入, のうにゅう)	냄, 치름
낫토/낫또(ナット, 영 nut)	암나사, 너트
내레이션(영 narration)	해설, 풀이

순화 대상(말밑)	순화어
내역(內譯, うちわけ)	명세, 속가름
내주(來週, らいしゅう)	다음 주
내추럴컬러(영 natural colour)	자연색, 제물빛
내추럴하다(영 natural-)	자연스럽다
냉동돈육(冷凍豚肉)	얼린 돼지고기
냉동육(冷凍肉)	얼린 고기
냉장육(冷藏肉)	냉장고기
네거티브하다(영 negative-)	부정적이다
네기(일 葱)	파
네온사인(영 neon sign)	네온등, 네온 광고
네임 밸류(영 name value)	명성, 지명도
네지(螺子, ねじ)	나사(못)
네지마와시(螺子廻, ねじまわし)	나사돌리개, 나사틀개
네크라인(영 neckline)	목둘레선
네타바이/네다바이(ねたばい)	사기, 야바위, 미끼날치기
네트(영 net)	그물, 망
네트워크(영 network)	방송망, 통신망, 조직 체계, 연락망
넥타(영 nectar)	으깬 과일즙
노가다(土方, どかた)	(공사판)노동자, 막일꾼
노견(路肩, ろかた)	갓길, 길어깨
노깡(土管, どかん)	토관
노리마키/노리마끼(海苔卷, のりまき)	김밥
노리카에/노리까에(乘替, のりかえ)	갈아타기
노임(勞賃, ろうちん)	품삯, 일삯
노코멘트(영 no comment)	말 않기, 논평보류
노크하다(영 knock-)	두드리다
노하우(영 know-how)	비결(秘訣), 비법
녹아웃시키다(영 knockout-)	뻗게 하다, 뻗뜨리다
논스톱(영 nonstop)	안 멈춤
논스톱으로(영 nonstop-)	곧바로, 멈춤 없이, 멈추지 않고
논픽션(영 non-fiction)	실화, 실제 이야기
농축과즙(濃縮果汁)	진한 과즙, 졸인 과즙
누드(영 nude)	알몸, 나체, 맨몸

순화 대상(말밑)	순화어
뉘앙스(프 nuance)	어감, 말맛, 느낌 맛
뉴미디어(영 new media)	새매체, 신매체
니기리즈시(일 握鮨)	생선초밥, 주먹초밥
니꾸사꾸(リックサック, 독 Rücksack)	배낭
니부(二分, にぶ)	두푼
니부가리(일 二分刈)	두푼 머리, 이푼 깎기, 덧빗대기
니쿠돈부리/니꾸돈부리(肉丼, にくどぶり)	고기덮밥
니쿠우동/니꾸우동(肉饂飩)	고기국수
니트(영 knit)	뜨개(옷)
닉네임(영 nickname)	딴 이름, 애칭
닌진/닌징(人蔘, にんじん)	당근
다대기(←たたき)	다짐, 다진 양념
다라이(盥, たらい)	대야, 큰 대야, 함지, 함지박
다마(珠, 球, 玉, たま)	①구슬, 알 ②전구 ③당구
다마네기(玉葱, たまねぎ)	양파
다무시(田蟲, たむし)	버짐, 백선
다방(茶房)	찻집
다스/타스(ダース, 영 dozen)	12개, 타(打)
다시(ダッシ, 영 dash)	줄표, 대시
다시(일 出汁, だし)	울국, 맛국물
다오루(タオル, 영 towel)	수건, 타월
다운타운(영 downtown)	도심, 도심지
다이(일 臺, だい)	대, 받침, 받침대
다이내믹하다(영 dynamic−)	역동적이다, 생동적이다
다이루/타이루(タイル, 영 tile)	타일
다이알/다이얼(ダイヤル, 영 dial)	글자판, 번호판, 시간표
다이어리(영 diary)	일기장, 일기수첩, 날적이책
다이어트(영 diet)	식이요법, 덜먹기
다이얼(영 dial)	글자판, 번호판, 시간표
다이즈유(大豆油)	콩기름
다이콘오로시/다이꼼오로시(일 大根)	무즙
다케바시/다께바시(일 竹箸)	대젓가락
다쿠안/다꾸앙(澤庵, たくあん)	단무지

순화 대상(말밑)	순화어
다크호스(영 dark horse)	(뜻밖의) 변수, 복병
다테/다데(縱, たて)	세로
단고/당고(團子, だんご)	경단
단도리(段取, だんどり)	채비, 단속
단스(簞笥, たんす)	장롱, 옷장
단자(團子, だんご)	경단
단카/당가(擔架, たんか)	들것
단푸/담뿌 도랏쿠(タンプトラック, 영 dump truck)	덤프트럭, 덤프차
단푸/담뿌 카(タンプカー, 영 dump car)	덤프트럭, 덤프차
닭도리탕(－鳥湯, －とり－)	닭볶음탕
담수어(淡水魚)	민물고기
담합(談合, だんごう)	짬짜미
답신(答申, とうしん)	대답, 회답
당분간(當分間, とうぶんかん)	얼마 동안
당혹(當惑, とうわく)	어리둥절함
대결(對決, たいけつ)	겨루기, 맞서기, 맞겨룸
대금(代金, だいきん)	값, 돈
대금업(貸金業, かねかしきょう)	돈놀이
대금업자(貸金業者, かねかしきょうしゃ)	돈놀이꾼
대기실(待機室, たいきしつ)	기다림방
대두(大豆)	콩
대두박(大豆粕)	콩깻묵
대두유(大豆油)	콩기름
대맥(大麥)	보리
대미(大米)	쌀
대미(大尾, たいび)	맨끝
대자접시	큰 접시
대절(貸切, かしきり)	전세, 전세 냄
대정맥(大精麥)	겉보리쌀
대체(代替, だいがえ, だいかえ)	바꾸기
대출(貸出, かしだし)	빌려줌, 빌려주기
대폭(大幅, おおはば)	많이, 크게, 넓게
대하(大蝦, おおえび)	큰새우, 왕새우
대합실(待合室, まちあいしつ)	기다림방

순화 대상(말밑)	순화어
댄서(영 dancer)	춤꾼, 무용수
댄스(영 dance)	춤
더빙(영 dubbing)	음성 입히기, 재녹음
덤핑(영 dumping)	헐값팔기, 막팔기
데나오시(手直, てなおし)	재공사, 재손질
데드라인(영 deadline)	한계선, 한계
데모(영 demonstration)	시위
데모토/데모도(手許, 手元, てもと)	곁꾼, 보조공, 조수
데뷔(프 début)	등단, 첫 등장
데스리(手摺, てすり)	(건축) 난간
데이터(영 data)	자료
데이트(영 date)	사귐, 만남
데코/데꼬(挺子, てこ)	(토목) 지렛대
데코레이션(영 decoration)	꾸밈, 장식, 장식품
데코보코/데꼬보꼬(凹凸, でこぼこ)	울퉁불퉁, 올록볼록, 요철
데탕트(프 détente)	화해, 긴장 완화, 누그림
덴마배(傳馬-, 傳馬船, てんません)	거룻배
덴조/덴조오(天井, てんじょう)	천장
덴치/덴찌(電池, てんち)	①손전등 ②전지
덴치/덴찌(天地, てんち)	상하, 위아래
덴푸라/뎀뿌라(天婦羅, テンプラ, 포 tempero)	튀김
덴푸라/뎀뿌라(天麩羅, 포 tempora)	튀김
델리킷하다/델리키트하다(영 delicate-)	미묘하다, 섬세하다, 까다롭다
덴빵(鐵板, てっぱん)	①우두머리, 두목 ②철판, 쇠판
도(桃)	복숭아
도금(鍍金, ぬっき)	(금)입히기
도기다시/도끼다시(研出, とぎだし)	갈아닦기, 갈닦이
도라무(ドラム, 영 drum)	드럼(통)
도라이바(ドライバ, 영 driver)	나사돌리개
도란스(ドランス, 영 transformer)	변압기
도랏쿠/도라꾸(トラック, 영 truck)	화물(자동)차, 짐차, 트럭
도료(塗料, とりょう)	칠, 칠감

순화 대상(말밑)	순화어
도리(取, とり)	①독차지, 몽땅 ②줄떼기(수산), 줄뜨기
도리우치/도리우찌(鳥打, とりうち)	납작모자, 캡
도리탕(鳥湯-)	닭볶음탕
도미노(영 domino)	연쇄 파급, 잇달이
도비라(扉, とびら)	속표지
도어(영 door)	문
도어맨(영 doorman)	정문안내원
도쿠리/도꾸리(德利, とくり)	①긴목셔츠 ②조막병
도킹하다(영 docking-)	만나다, 만나붙다
도합(都合, つごう)	모두, 합계
독농가(篤農家, とくのうか)	모범 농부, 모범 농가
돈가쓰/돈까쓰(豚カツ, とんカツ, 영 -cutlet)	돼지고기 튀김
돈갈비(豚-)	돼지갈비
돈다짐(豚-)	돼지고기 다짐
돈등심(豚-心)	돼지 등심
돈목등심(豚-心)	돼지 목등심
돈볼기(豚-)	돼지 볼기살
돈부리/돔부리(どんぶり)	덮밥
돈삼겹살(豚三-)	돼지 삼겹살
돈육(豚肉)	돼지고기
돗팡/돗빵(凸版, とっぱん)	볼록판
두유(豆油)	콩기름
드라마(영 drama)	극, 연극
드라마틱하다(영 dramatic-)	극적이다
드라이브정책(영 drive政策)	중점정책, 주도정책
드라이브코스(영 drive course)	차산책길
드라이어(영 drier)	①말리개, 건조기 ②(인쇄) 말리는 약
드라이플라워(영 dry flower)	말린 꽃
드레시하다(영 dressy-)	입성 좋다, 옷맵시 나다, 옷맵시 있다
드링크(영 drink)	음료, 마실 것
디스카운트(영 discount)	에누리, 깎기
디스크자키(영 disk jockey)	음반지기, 음반사

순화 대상(말밑)	순화어
디스플레이(영 display)	진열, 전시
디시(영 discount)	에누리
디저트(영 dessert)	후식, 입가심
디제이(영 disk jockey)	음반지기, 음반사
디지털(영 digital)	숫자(식), 수치(형)
디테일하다(영 detail-)	세밀하다, 세세하다, 자세하다
딜러(영 dealer)	분배상, 판매원
딜럭스하다(영 deluxe-)	호화스럽다, 호사스럽다
딜레마(영 dilemma)	궁지, 막다름
따블/다불(ダブル, 영 double)	곱, 갑절
뗑깡(癲癇, てんかん)	생떼
라벨/레이블(영 lable)	상표, 꼬리표
라운지(영 lounge)	휴게실
라이방(ライバン, 영 Ray Ban)	보안경, 색안경
라이벌(영 rival)	맞수, 경쟁자
라이선스(영 license)	면허(장), 허가(장), 인허가
라이스밀크(영 rice milk)	쌀우유
라이스박스(영 rice box)	쌀통, 뒤주
라이트(영 light)	비춤, 조명 (등)
라이프 사이클(영 life cycle)	삶의 구비, 생애 주기
라이프 스타일(영 life style)	삶의 방식, 생활양식
라인(영 line)	금, 줄, 선
라지에타(ラジェーター, 영 radiator)	방열기, 라디에이터
라커룸(영 locker room)	(선수) 대기실, 갱의실
래디컬하다(영 radical-)	극단적이다, 급진적이다, 과격하다
랜덤하게(영 random-)	마구잡이로, 무작위로
램프(영 lamp)	(표시) 등
랭크(영 rank)	차례 매김
랭크되다(영 rank-)	(순위가) 매겨지다, 차례 매김되다
랭킹(영 ranking)	순위, 서열
러닝메이트(영 runing mate)	짝, 동반, 후보자
러닝타임(영 running time)	돌림 시간, 상영 시간

순화 대상(말밑)	순화어
러시(영 rush)	붐빔, 몰림
러시아워(영 rush hour)	몰릴 때, 붐빌 때, 혼잡시간
러프하다(영 rough-)	거칠다
런치파티(영 lunch party)	점심 모임
레귤러멤버(영 regular member)	정식 회원, 정규○○, 정회원
레루/레일(レール, 영 rail)	철길
레미콘(レミコン, 영 ready-mixed concrete)	양회반죽(차)
레벨(영 level)	①수준, 수평 ②수준기, 수준의, 수평기, 물자
레스토랑(프 restaurant)	식당
레슨(영 lesson)	개인 지도
레이스(영 race)	달림 겨루기, 경주
레인지(영 range)	화덕, 조리기
레임덕 현상(영 lame duck現象)	누수 현상, 말기 현상
레자(レザー, 영 leather)	인조 가죽
레자/레저(レジャー, 영 leisure)	여가(활동)
레저타운(영 leisure town)	휴양지, 쉼마을
레지(レジ, 영 register)	(다방) 종업원, 아가씨
레크리에이션(영 recreation)	마음 쉬기, 바람 쐬기, 오락, 놀이
레퍼토리/레퍼터리(영 repertory)	곡목, 목록
렌가/렝가(煉瓦, れんが)	벽돌
렌터카(영 rent-a-car)	①차임대, 차대여 ②임대차, 빌림차
렛테루/레떼루(レッテル, 네 letter)	상표, 레테르
로고(영 logo)	보람, 상징
로라(ローラー, 영 roller)	땅다지개, 굴밀이, 롤러
로비(영 lobby)	①휴게실, 대기실, 복도 ②막후교섭
로비스트(영 lobbyist)	섭외(대리)인, 막후교섭자
로열박스(영 royal box)	귀빈석
로열티(영 royalty)	(상표) 사용료, 인세
로케(영 location)	현지 촬영, 출장 촬영
로쿠부/로꾸부(六分, ろくぶ)	엿푼, 육푼
로쿠부/로꾸부이다(일 六分板)	육푼널, 엿푼널

순화 대상(말밑)	순화어
로타리/로터리(ロータリ, 영 rotary)	둥근거리, 돌거리
로테이션(영 rotation)	①돌림, 번돌림 ②순환, 자리돌기
롱 헤어(영 long hair)	긴 머리
롱런하다(영 long run-)	오래 떨치다
료마에/료오마에(兩前, りょうまえ)	쌍줄단추
루머(영 rumour)	뜬소문
루베(立方米, りっぽうメートル, ルベ)	세제곱미터(㎥), 입방미터
루트(불 route)	길, 통로, 경로
룰(영 rule)	규칙
룸메이트(영 room mate)	방짝, 방친구
르포(프 reportage)	보고 기사, 현장 보고(서)
리더(영 leader)	①지도자, 이끌 이 ②(인쇄)점줄
리더십(영 leadership)	지도력, 이끌 힘
리드미컬하다(영 rhythmical-)	율동적이다, 운율적이다
리드하다(영 lead-)	앞서다, 이끌다, 인도하다
리듬(영 rhythm)	흐름, 흐름새, 율동
리딩 브랜드(영 leading brand)	으뜸 상표, 주도 상표
리모컨(リモコン, 영 remote control)	원격 조정기
리믹스하다(영 remix-)	되섞다, 되합치다 재합성하다, 재혼합하다
리바이벌(영 revival)	재생, 부흥, 되살림
리뷰(영 review)	따져보기, 비평
리빙 룸(영 living room)	마루, 거실
리사이클링(영 recycling)	되쓰기, 재활용
리사이틀(영 recital)	독창회, 독주회, 연주회, 발표회
리셉션(영 reception)	①초대 연회 ②손맞이
리스트(영 list)	목록, 명단
리야카/니야까(リヤカー, 영 rear car)	손수레
리얼리티/리앨리티(영 reality)	참됨, 현실, 진실, 실제, 사실
리얼하다(영 real-)	사실적이다, 현실감 있다
리조트(영 resort)	휴양지
리치하다(영 rich-)	가멸지다, 넉넉하다, 풍부하다
리코딩(영 recording)	녹음, 녹화, 기록

생활 순화어 105

순화 대상(말밑)	순화어
리포터(영 reporter)	보고자, 보도자
리포트(영 report)	보고서, 보도
리허설(영 rehearsal)	예행 연습, 무대연습, 총연습
린스(영 rinse)	헹굼비누
린치(영 lynch)	폭력, 때림
링(영 ring)	①반지, 고리 ②(권투, 레슬링) 경기장 ③(농구) 「바구니」 테
마네킹(영 mannequin)	꼭두사람, 몸틀
마도(窓, まど)	①창 ②자모테(인쇄)
마도와쿠/마도와꾸(窓枠, まどわく)	문틀, 창틀
마마보이(영 mama boy)	치마폭 아이, 응석받이
마메인(豆印, まめじるし)	잔도장, 좀도장
마메콩(豆-, まめ-)	콩
마스코트(영 mascot)	행운의 신/물건
마스터(영 master)	통달, 숙달
마스터플랜(영 master plan)	기본설계, 종합계획
마스터피스(영 masterpiece)	걸작
마에가리/마이가리(前借, まえがり)	당겨받기, 미리받기
마에칸/마이깡(まえかん)	걸단추, 갈고리단추
마와시(廻, まわし)	돌리기(당구)
마이너스(영 minus)	①손해, 부족 ②빼기, 뺄셈표
마이카(영 my car)	자가용차, 자기차
마인드(영 mind)	심리, 마음가짐
마일드하다(영 mild-)	부드럽다, 순하다
마진(영 margin)	값 차이, 중간 이윤
마케팅/마키팅(영 marketing)	시장 거래, 시장 관리, 장사
마쿠라기/마꾸라기(枕木, まくらぎ)	굄목, 침목
마키/마끼(卷, まき)	①두루마리, 말이 ②김말이
마키즈시/마끼스시(卷鮨, 卷壽司, まきずし)	김초밥, 김말이
마호병(魔法瓶, まほうびん)	보온병
마후라/머플러(マフラー, 영 muffler)	①목도리, 목수건 ②소음기
만땅/만땅꾸(滿タン, 영 -tank)	가득 채움, 가득 참
만수위(滿水位, まんすぃぃ)	먹찬물높이

순화 대상(말밑)	순화어
맘모스(マンモス, 영 mammoth)	큰, 대형, 매머드
매너(영 manner)	태도, 버릇, 몸가짐
매너리즘(영 mannerism)	타성, 버릇됨
매뉴얼(영 manual)	설명서, 편람, 안내서
매니저(영 manager)	지배인, 관리인, 감독
매립(埋立, うめたて)	메움
매머드(영 mammoth)	큰, 대규모의, 대형
매물(賣物, うりもの)	팔 물건, 팔 것
매상(賣上, うりあげ)	판매, 팔기
매상(買上, かいあげ)	사(들이)기
매상고(賣上高, かいあげだか)	판매액
매상금(賣上金, かいあげきん)	판매액
매수(買受, かいうけ)	사(들이)기
매스컴(영 mass communication)	대중 전달, 대중 매체
매입(買入, かいいれ)	사들이기
매장(賣場, うりば)	판매장
매절(賣切, うりきれ)	다 팔림, 절품, 동남
매점(買占, かいしめ)	사재기
매점(賣店, ばいてん)	가게
매출(賣出, うりだし)	판매, 팔기
매트(영 mat)	깔개, 요, 침대요
맥고모자(麥藁帽子, むぎわらぼうし)	밀짚모자
맨투맨(영 mam-to-man)	일대일
머니 론더링(영 money laundering)	돈세탁
머니게임(영 money game)	돈놀이
멀티미디어(영 multimedia)	복합 매체, 다중 매체
메가폰(영 megaphone)	손확성기, 나발
메뉴(영 menu)	차림표, 식단
메달(영 medal)	패, 상패
메달리스트(영 medalist)	메달 받을 이, 상패 받을 이, 상패 딴 이
메들리(영 medley)	접속곡, 잇달이
메리트시스템(영 merit system)	성과급 제도
메모(영 memo)	①적어두기 ②적발, 쪽지기록
메모리(영 memory)	①기억, 추억 ②기억 장치

순화 대상(말밑)	순화어
메스(네 mes)	①손질, 수정 ②해부칼, 칼
메시지(영 message)	전갈, 서신, 성명서, 교서
메신저(영 messenger)	심부름꾼, 전달자
메이커(영 maker)	제작자, 제조업체, 만들 이
메이크업/메이컵(영 makeup)	화장, 분장, 단장, 마무리
메인프레임(영 mainframe)	핵심, 기본 틀
메지(目地, めじ)	줄눈, 사춤 (건설)
메커니즘(영 mechanism)	체제
메타기/메다기(メーター器, 영 meter-)	계량기, 미터기
메타포(영 metaphor)	은유
메탈릭(영 metallic)	금속성
멜랑콜리하다(프 mélancholie-)	우울하다
멜로(영 melodrama)	통속극
멜로-극/물(メロドラマ, 영 melo drama)	통속극
멜로디(영 melody)	가락, 선율
멤버(영 member)	회원, 선수, 구성원
멧키/멕기(鍍金, めっき)	(금)입히기
면식(面識, めんしき)	안면, 앎
멸실(滅失, めっしつ)	없어짐
명기(明記, めいき)	분명히 기록함, 똑똑히 적음
명년(明年, あくるとし)	내년, 이듬해
명도(明渡, あけわたし)	내주기, 비워주기, 넘겨주기
명소(名所, めいしょ)	이름난 곳
명찰(名札, なふだ)	이름표
모구리(潛水夫, もぐり)	잠수부
모노톤(영 monotone)	홑빛깔, 단색조
모니터(영 monitor)	①영상 표시 장치, 화면(기) ②협찬 위원, 정보 제공자, (논)평자
모닝스페셜(영 morning special)	아침 별식
모던하다(영 mordern-)	현대적이다
모델(영 model)	①모형, 본보기, 본 ②멋냄이, 맵시인
모델하우스(영 model house)	본보기집, 집본
모도시(戾, もどし)	되돌리기

순화 대상(말밑)	순화어
모드(영 mode)	양식
모럴(영 moral)	도덕, 도의
모리소바(盛蕎麥, もりそば)	메밀국수, 메밀사리
모멘트/모먼트(영 moment)	계기, 동기
모비루/모빌유(モビール, 영 mobile)	모빌유, 윤활유
모빌(영 mobile)	흔들개비
모자이크(하다)(영 mosaic-)	①짜맞추기, 짜맞추다 ②(미술) 조각무늬 그림
모치/모찌(餅, もち)	떡
모타/모다(モーター, 영 motor)	전동기, 발동기, 모터
모티브(영 motive)	동기
몸뻬(もんぺ)	일바지, 왜바지
무뎃뽀(無鐵砲, むてっぽう)	무모(無謀), 막무가내
무드(영 mood)	분위기, 기분
무라토리/무라또리(斑取, むらとり)	얼룩빼기
무비스타(영 movie star)	영화배우
무크(영 mook)	부정기 간행물
무핵과(無核果)	씨 없는 과일
미강착유(米糠搾油)	쌀겨기름
미곡(米穀)	쌀
미국(米麴)	쌀누룩
미깡(蜜柑, みかん)	감귤, 귤, 밀감
미네랄워터(영 mineral water)	광천수
미니스커트(영 miniskirt)	깡동치마, 짧은치마
미다시(見出, みだし)	①찾음표 ②표제, 제목
미도리우동(綠饂飩)	초록국수
미디어(영 media)	(대중)매체
미립(米粒)	쌀알
미분(米粉)	쌀가루
미불(未拂, みはらい)	못치름, 미지급, 안치름
미소(味素)	맛난이
미소시루(味噌汁, みそしる)	된장국
미스(영 miss)	잘못
미스(영 Miss)	아가씨, 아씨, ○○○아씨
미스즈(미세스)(영 Mrs)	부인, 여사

순화 대상(말밑)	순화어
미스터(영 Mr)	님, 씨, 선비, 도령, 군
미스터리(영 mystery)	①추리 ②이상야릇
미싱(ミシン, 영 sewing machine)	재봉틀
미아이(見合, みあい)	맞선, 맞선보기
미즈나오시/미즈나무시(水直, みずなおし)	물청소
미지불(未支拂, みしはらい)	못치름, 미지급, 안치름
미팅(영 meeting)	모임, 모꼬지
믹스하다(영 mix-)	섞다
밀담(密談, みつだん)	비밀 이야기, 숨은 얘기
밀랍(蜜蠟)	밀, 꿀밀
밀크(영 milk)	우유, 소젖
밀크식빵(영 milk食-)	우유 식빵
바겐세일(영 bargain sale)	싸게 팔기, 할인 판매
바라시(ばらし)	헐기, 해체
바란스/밸런스(バランス, 영 balance)	균형, 조화
바로미터(영 barometer)	잣대, 척도, 지표
바리캉(バリカン, 프 bariquant)	이발기
바리케이드(영 barricade)	방어책, 길막이
바비큐(영 barbecue)	통구이, 뜰구이
바이어(영 buyer)	사는 이, 구매자, 구매상
바이탤리티(영 vitality)	활력, 생기
바자(회)(프 bazar會)	자선장(터), (자선) 특매장
바캉스(프 vacance)	휴가, 여름 휴가
바케쓰/바께쓰(バケツ, 영 bucket)	들통
바코드(영 bar code)	막대표시, 줄표시
박(粕)	깻묵
박스(영 box)	상자, 갑, 곽
박피율(剝皮栗)	깐 밤
반네루(パネル, 영 panel)	널빤지, 판자, 패널
반도(パバンド, 영 band)	띠, 밴드
반입(搬入, はんににゅう)	날라들임, 실어들임
반카이/방까이(挽回, ばんかい)	만회, 되채우기
발매(發賣, はつばい)	팔기, 내팔기
발코니(영 balcony)	난간, 난 마루

순화 대상(말밑)	순화어
밤바(バンバー, 영 bumper)	완충기, 완충대, 붙임이
밧테리/밧떼리(バッテリ, 영 battery)	축전지
방가로(バンガロー, 영 bungalow)	오두막집
방구미(番組, ばんぐみ)	차례 짜기
방사(放飼, はなしがい)	놓아기르기
배조맥아(焙燥麥芽)	말린 엿기름
배터리(영 battery)	축전지
백그라운드(영 background)	배경, 뒷배
백도(白桃)	흰복숭아
백묵(白墨, はくぼく)	분필, 흰분필
백미(白米)	흰쌀
백미라/백미러(バックミラー, 영 back mirror)	뒷거울
백자(柏子)	잣
백자편(柏子-)	잣떡
백태(白太)	흰콩
밴드(영 band)	①띠, 대역 ②악대 ③동아리
밸런스(영 balance)	균형, 조화
버라이어티쇼(영 variety show)	가진 놀이판, 다채론 쇼
버전(영 version)	판
버튼(영 button)	단추, 누름쇠
벙커(영 bunker)	진지
베니야/베니다(ベニヤ, 영 veneer)	합판
베드룸(영 bedroom)	침실
베란다(영 veranda)	툇마루, 쪽마루
베스트(영 best)	최상, 일류
베스트드레서(영 best dresser)	옷 멋쟁이, 으뜸 차림이
베스트셀러(영 best seller)	인기 상품, 잘 팔리는 책
베아링/베어링(ベアリグ, 영 bearing)	축받이, 굴대받이
베일(영 veil)	가림막
베테랑(프 vétéran)	숙련가, 전문가, 전문인
벤또(辨當, べんとう)	도시락
별책(別冊, べっさつ)	딸림책
병과(倂科, へいか)	아울러 매김
병류(餠類)	떡류, 떡붙이

순화 대상(말밑)	순화어
보나스/뽀나스/보너스(ボーナス, 영 bonus)	상여금, 덤돈, 덤
보단/보당/버튼(ボダン, 영 button)	단추, 누름쇠
보데(ボディ, 영 body)	몸, 몸체, 차체
보디가드(영 body guard)	경호원
보디라인(영 body-line)	몸선, 체형, 몸꼴
보루바코/보루바꼬(ボール箱, ボールばこ, 영 board-)	골판지 상자, 종이상자
보루박스(ボール-, 영 board box)	골판지 상자, 종이상자
보이콧/보이코트(영 boycott)	물러침, 거부, 배척
보컬그룹(영 vocal group)	중창단
보틀넥(영 bottleneck)	병목 현상
보합세(保合勢, ぶあい-)	주춤세, 멈춤세
복지(服地, ふくじ)	양복감, 옷감
볼륨(영 volume)	①권 ②부피, 술 ③음량, 소리크기
부라시/브라쉬(ブラッシュ, 영 brush)	①솔 ②털붓
부라자(ブラジャー, 영 brassiere)	가슴띠, 브래지어
부라치/부라찌(ブラチ, 영 branch)	부가 접속, 덧붙임
부레키/브레키/브레이크(ブレーキ, 영 brake)	제동기, 제동장치
부로카/뿌로카/브로커(ブローカー, 영 broker)	중개인, 거간
부롯쿠/브로꾸(ブロック, 영 block)	벽돌, 블록
부지(敷地, しきち)	터, 대지
부츠(영 boots)	목 긴 구두, 목구두
부킹(영 booking)	예약
북 디자인(영 book design)	책 꾸밈, 책 도안
분비선(分泌腺, ぶんぴっせん)	분비샘, 몸샘
분식(粉食)	가루음식
분파이/분빠이(分配, ぶんぱい)	분배, 노늠, 노느매기
불고테/불고데(-鏝, -こて)	불인두
불하(拂下, はらいさげ)	팔아 버리기
붐(영 boom)	대유행, 대성황
브랜드(영 brand)	상표
브러싱(영 brushing)	빗질

순화 대상(말밑)	순화어
브레인풀(영 brain pool)	인재은행
브로커(영 broker)	중개장이, 중개인, 거간
브리핑(영 briefing)	간추린 보고, 간추린 설명
브이아이피(영 VIP)	귀빈, 요인
블라인드(영 blind)	가리개
블랙리스트(영 blacklist)	비밀 명단, 구진명단
블록(영 block)	집단, 구역
비까번쩍하다(ぴかー)	번쩍번쩍하다
비까비까하다(ぴかぴかー)	번쩍번쩍하다
비니루(ビニール, 영 vinyl)	비닐
비닐하우스(영 vinyl house)	비닐 온실
비디오(영 video)	녹화(기)
비디오케(영 video ochestra)	영상 반주
비루(ビール, 독 Bier, 영 beer)	맥주
비목(費目, ひもく)	비용 명세, 비용 항목
비빔면	비빔국수
비상식(非常識, ひじょうしき)	몰상식
비어(영 beer)	맥주
비전(영 vision)	이상(理想), 전망, 앞길
비주얼 마케팅(영 visual marketing)	진열 판매
비즈니스(영 business)	사업, 영업, 장사
비즈니스맨(영 business man)	①실업가, 사업가, 기업인 ②영업사원, 회사원
비토(영 veto)	거부(권)
빠꾸(バック, 영 back)	뒤로, 후진, 퇴짜
빠꾸오라이(バックオーライ, 영 back all right)	뒤로, 후진
빠데(バテ, 영 putty)	땜풀, 퍼티
빠루(バール, 영 bar)	노루발못뽑이
빠찌/배찌(バッヂ, 영 badge)	휘장, 표장(標章), 보람
빠타/바타(バータ, 영 barter)	맞바꾸기
빤쓰(パンツ, 영 pants, pantaloons)	속잠방이, 팬티
빵꾸/펑크(パンク, 영 puncture)	구멍(내기/나기), 펑크
빵카/벙커(バンカー, 영 bunker)	진지
뻬빠(パーパー, 영 sand paper)	속새, 사포

순화 대상(말밑)	순화어
뻰찌(パンチ, 영 pinchers)	자름 집게, 쇠집게
뻰끼(パンキ, 영 paint)	①칠, 양칠 ②유화칠감, 칠감
뽐뿌(ポポンプ, 네 pomp, 영 pump)	무자위
삥뽕/핑퐁(ピンポン, 영 pingpong)	탁구
사라(皿, さら)	접시
사라다/샐러드(サラダ, 영 salad)	나물버무리
사라리맨/샐러리맨(サラリーマン, 영 salaried man)	봉급 생활자, 봉급쟁이
사란(死卵)	곤달걀, 곤알
사료(飼料, しりょう)	먹이, 모이
사루마타/사루마다(猿股, さるまた)	속잠방이
사무라이(侍, さむらい)	일본 (봉건시대) 무사
사물함(私物函, しぶつ-)	개인 (물건) 보관함
사보텐/사보뎅(サボテン)	선인장
사시미(刺身, さしみ)	생선회
사시코미/사시꼬미(差込, さしこみ)	꽂개집
사우나탕(영 sauna湯)	증기탕, 찜탕
사이(才, さい)	재<목재 치수 단위>
사이드 비즈니스(영 side business)	부업
사이즈(영 size)	크기, 치수
사이클(영 cycle)	①자전거 ②주파수, 주기
사이키(영 psychedelic)	깜빡이(조명), 요란(조명)
사인(영 sign)	①수결, 서명 ②신호, 암호
사쿠라/사꾸라(櫻, さくら)	①벚꽃, 벚나무 ②사기꾼, 야바위꾼
삭도(索道, さくどう)	쇠밧줄, 하늘찻길
산가쿠/산가꾸(三角, さんかく)	세모
산부(三分, さんぶ)	서푼
상신(上申, 申上, もうしあげ)	여쭘, 아룀, 올림
샐러리맨(영 salaried man)	봉급 생활자, 봉급쟁이
샘플(영 sample)	본, 본보기, 표본
샘플링(영 sampling)	본뽑기
생선가쓰(生鮮カツ, 영 -cutlet)	생선 튀김
생선묵(生鮮-)	어묵
생유(生乳)	날젖, 생젖

순화 대상(말밑)	순화어
생육(生肉)	날고기, 생고기
샷시/새시(サッシ, 영 sash)	(알루미늄) 문틀/창틀
샷타/샷따/셔터(シャッター, 영 shutter)	덧닫이, 여닫개
서과(西瓜)	수박
서머스쿨(영 summer school)	여름학교
서비스(영 service)	①봉사, 대접, 시중 ②공짜, 덤
서빙하다(영 serving-)	접대하다
서스펜스(영 suspense)	긴장감, 박진감, 아찔 맛
서양리(西洋李)	양자두
서클(영 circle)	동아리, 모임, 두레
석식(夕食)	저녁(밥)
선글라스(영 sunglass)	색안경, 햇살경
선불(先拂, さきばらい)	선지급, 미리 치름, 앞 치름
선착장(船着場, ふなつきば)	나루, 나루터
선하증권(船荷證券, ふなにしょうけん)	뱃짐증권
세공(細工, さいく)	잔손질, 잔공업
세대(世帶, せたい)	가구, 집
세대주(世帶主, せたいぬし)	가구주
세루모타/세루모다(セルモーター, 영 cell motor)	시동기
세무/쎄무 가죽(セーム-, 영 chamois-)	고운가죽
세미나(영 seminar)	연구회, 발표회, 토론회
세비로(脊廣, せびろ)	신사복
세일즈맨(영 salesman)	외판원, 판매원
세트(영 set)	①장치 ②연모 ③(한) 벌 ④(한) 판(체육)
세팅(영 setting)	설치, 터잡이, 차림
섹시하다(영 sexy-)	관능적이다, 매혹스럽다, 멋지다
센반/센방(旋盤, せんばん)	갈이기계, 깎이틀
센베이(煎餅, せんべい)	전병과자
센서(영 sensor)	감지기
센서스(영 census)	통계 조사, 국세 조사
센서티브하다(영 sensitive-)	예민하다
센세이셔널하다(영 sensational-)	놀랍다, 자극적이다

순화 대상(말밑)	순화어
센스(영 sense)	눈치, 재치, 분별(력), 감각
센치하다(センチ-, 영 sentimental-)	감상적이다
센티멘털리즘(영 sentimentalism)	감상주의
셀프서비스(영 self-service)	손수하기, 제 시중
셔틀버스(영 shuttle bus)	순환 버스, 돌이 버스
소데(袖, そで)	소매
소데나시(袖無, そでなし)	민소매, 민소매 옷
소데하바(袖幅, そではば)	소매통, 소매너비
소라색(空色, そらいろ)	하늘색, 하늘빛
소맥분(小麥粉)	밀가루
소멘(素麵, そうめん)	소면, 맨 국수
소밀(巢蜜)	개꿀, 밑꿀
소바(蕎麥, そば)	메밀국수
소바면(蕎麥麵)	메밀국수
소절수(小切手, こぎって)	수표
소채(蔬菜)	채소, 남새
소프트하다(영 soft-)	부드럽다
소하물(小荷物, こにもつ)	잔짐
속미(粟米)	좁쌀
송달(送達, そうたつ)	보냄, 띄움
쇄미(碎米)	싸라기
쇼맨십/쇼먼쉽(영 showmanship)	허세, 제자랑, 흥행술
쇼바(アブショバ, 영 shock absorber)	완충기
쇼부/쇼오부(勝負, しょうぶ)	결판
쇼윈도(영 show window)	진열창
쇼크(영 shock)	충격
쇼킹하다(영 shocking-)	기막히다, 충격적이다
쇼트헤어(영 short hair)	짧은 머리
쇼핑(영 shopping)	물건사기, (시)장보기
쇼핑백(영 shopping bag)	장바구니, 장가방
쇼핑센터(영 shopping center)	모임전, 종합시장
쇼핑타운(영 shopping town)	종합 상가, 시장, 상점가
수당(手當, てあて)	덤삯, 일삯
수령(受領, じゅりょう)	받음
수리(受理, じゅり)	받음, 받아들임, 받아 다룸

순화 대상(말밑)	순화어
수부(受付, うけつけ)	접수
수속(手續, てつづき)	절차
수순(手順, てじゅん)	차례, 순서
수입선(輸入先, ゆにゅうさき)	수입처, 수입국
수제품(手製品, てせいひん)	손치, 손제품
수취(受取, うけとり)	받음, 받아 가짐
수취인(受取人, うけとりにん)	받는이, 받을이
수타국수(手打-)	손국수
수하물(手荷物, てにもつ)	손짐, 들짐
수확고(收穫高, しゅうかくだか)	소출, 거둔 양
숙박계(宿泊屆, しゅくはくとどけ)	숙박(장)부, 숙박 신고(서)
슈거(영 sugar)	설탕
스기(杉, すぎ)	삼나무
스낵(영 snack)	간이식, 간편식
스낵코너(영 snack corner)	간이음식점, 간이식당
스냅사진(영 snap 寫眞)	짤깍 사진, 막 사진
스덴/스텡(ステンレス, 영 stainless)	안녹쇠, 늘흰쇠, 녹막이강철
스라브(スラブ, 영 slab)	바닥판, 평판, 너럭판
스루메(魚昜, するめ)	오징어
스리(刷, すり)	준지, 교정쇄
스릴(영 thrill)	전율, 긴장감, 짜릿맛, 아슬감
스매싱(영 smashing)	강타, 내리침
스모노(일 酢物)	초젓, 초안주, 초무침
스시(鮨, 壽司, すし)	초밥
스카우트(영 scout)	골라오기, 빼내기
스캔들(영 scandal)	추문, 덮은 소식
스커트(영 skirt)	치마
스케일(영 scale)	①규모, 통 ②자, 축척
스케줄(영 schedule)	예정(표), 일정(표), 계획(표)
스크랩(영 scrap)	자료 모음, 오려 모으기
스크린(영 screen)	①영사막 ②가리개
스키야키/스끼야끼(鋤燒, すきやき)	왜전골, 일본전골(찌개)
스킨십(영 skinship)	어루만지기, 피부 접촉
스킨케어(영 skin care)	살갗 가꾸기, 피부 관리, 피부 치료

생활 순화어 117

순화 대상(말밑)	순화어
스타덤(영 stardom)	인기 대열, 유명 반열
스타디움(영 stadium)	주경기장
스타일(영 style)	맵시, 형, 품
스타트(영 start)	출발, 시작
스타팅멤버(영 starting member)	첫 선수
스타플레이어(영 star player)	인기 선수, 유명 선수
스탄푸/스탐뿌(スタンプ, 영 stamp)	잉크판
스태미나(영 stamina)	정력, 힘, 원기, 근기
스태프/스타프(영 staff)	제작진, 참모진, 간부, 직원, (참모) 장교
스탠드(영 stand)	①세움대 ②관중석, 관람석 ③책상등 ④(잉크)대
스탠드바(영 standbar)	선술집
스터디그룹(영 study group)	연구 모임, 연구 동아리
스테이지(영 stage)	무대
스테인리스/스테인레스(영 stainless)	안녹쇠, 늘흰쇠, 녹막이강철
스토리(영 story)	이야기, 줄거리
스톱모션(영 stop motion)	정지 동작, 멈춤 동작
스튜디오(영 studio)	녹음실, 방송실, 촬영실, 연주실, 그림방, 제작실
스트라이크(영 strike)	파업
스트레스(영 stress)	긴장, 불안, 짜증
스트레이트(영 straight)	뻗어치기, 곧바로, 곧바른
스티커(영 sticker)	붙임딱지
스팀(영 steam)	김, (수)증기
스팀타월(영 steam towel)	찜질 수건, 김 수건
스퍼트(영 spurt)	막판 힘내기, 끝판 힘내기
스페셜리스트(영 specialist)	전문가
스펙터클하다(영 spectacle-)	웅장하다, 거창하다, 거대하다
스포츠(영 sports)	운동
스포츠가리(スポーツ刈り, 영 sports-)	스포츠형(깎기)
스포트라이트(영 spotlight)	집중 조명
스포티하다(영 sporty-)	날렵하다, 경쾌하다
스폰서(영 sponsor)	후원자, 광고주
스푼(영 spoon)	숟가락

순화 대상(말밑)	순화어
스프레이(영 spray)	분무기
스피디하다(영 speedy-)	빠르다
스피카/스피커(スピーカー, 영 speaker)	확성기
슬럼프(영 slump)	침체, 부진, 저조
슬로건(영 slogan)	내건 말, 표어, 강령, 구호
슬림형(영 slim形)	날씬형
승강장(乘降場, のりおりば)	타는 곳
시니컬하다(영 cynical-)	냉소적이다
시드(영 seed)	우선권
시럽(영 syrup)	즙, 착색 음료
시로누키/시로누끼(白拔, しろぬき)	(인쇄) 흰 글씨
시로토/시로또(素人, しろうと)	풋내기, 초보자, 서툰 이, 비전문가
시리즈(영 series)	①연속물 ②문고, 총서
시마이(仕舞, 終, しまい)	끝냄, 마감, 마치기
시보리(絞り, しぼり)	①물수건 ②조리개 ③(뜨개)조르개
시아게/시아기(仕上, しあげ)	끝손질, 마무리, 다듬질
시오야키/쇼야키(鹽燒, しおやき)	소금구이
시즌(영 season)	철, 제철, 계절
시치부/시찌부(七分, しちぶ)	칠푼
시키(紙器)	종이 그릇
시타/시다(下, した)	도움이, 곁수, 조수
시트(영 seat)	깔개, 덮개, 자리
시합(試合, しあい)	겨루기, 승부내기, 경기
식깡(食罐, しょくカン, 영 -can)	밥통
식단(食單)	차림표
식료(食料)	음식물, 먹거리
식부(植付, うえつけ)	모종심기
식비(食費, しょくひ)	밥값
식상(食傷, しょくしょう)	①싫증남 ②배탈
식염(食鹽)	소금, 먹는 소금
신(영 scene)	장면
신드롬(영 syndrome)	증후군, 앓이
신립(申立, もうしたて)	신청, 아룀

순화 대상(말밑)	순화어
신마에/신마이(新前, しんまえ)	신출내기, 신참, 풋내기, 애송이
신마이(新米, しんまい)	햅쌀
신추/신쭈(眞鍮, しんちゅう)	놋쇠
신핀/신삥(新品, しんぴん)	새것, 신품
실루엣(프 silhouette)	음영
실인(實印, じついん)	도장, 인장
심벌마크(영 symbol mark)	상징표(시)
심포지엄(영 symposium)	학술 회의, 토론 회의
심플하다(영 simple-)	단순하다
십팔번(十八番, じゅうはちばん)	단골 장기, 단골 노래
싯쿠이(漆喰, しっくい)	(흙)회반죽
싯푸/싯뿌(濕布, しっぷ)	찜질
싱(芯, しん)	심
싱글(영 single)	독신, 미혼
싱크대(영 sink臺)	설거지대, 개숫대
싱크탱크(영 think tank)	두뇌 집단
쎈타/쎈터(センター, 영 center)	본부, 중앙, 중심(지), 회관
쓰레빠/스레빠(スリッパ, 영 slipper)	실내화, 끌신
쓰리(掏摸, すり)	소매치기
쓰메키리/쓰메끼리(瓜切, つめきり)	손톱깎이, 손톱깎개
쓰미(積, つみ)	(벽돌)쌓기
쓰봉(ズズボン, 프 jupon)	양복 바지
쓰키다시/쓰끼다시(突出し)	①초다짐 ②곁들이 안주 ③(체육)밀어내기
씨명(氏名, しめい)	이름, 성명
아게(일 揚)	튀김
아까징끼(赤丁幾, あかチンキ, 독 Tinktur)	머큐로크롬, 빨간약
아나고(穴子, あなご)	붕장어, 바다 장어
아르바이트(독 Arbeit)	일자리, 부업
아마추어/아마튜어(영 amateur)	비전문가, 비직업인
아베크족(프 avec族)	연인, (남녀)동반
아부라게/아부라아게(油揚, あぶらあげ)	유부, 튀김두부
아시바(足場, あしば)	①발판, 비계 ②(낚시)자리

순화 대상(말밑)	순화어
아웃사이더(영 outsider)	국외자, 외톨이, 바깥내기
아이노리(相乘, あいのり)	합승, 함께 타기
아이노코/아이노꼬(間子, あいのこ)	혼혈아, 트기
아이덴티티(영 identity)	정체성
아이디어(영 idea)	생각, 착안, 착상
아이러니(영 irony)	이율배반, 역설, 모순, 반어
아이러니컬하다(영 ironical-)	역설적이다, 모순적이다
아이롱(アイロン, 영 iron)	(전기)다리미, 머리 인두
아이쇼핑(영 eye shopping)	눈요기
아이스링크(영 ice rink)	빙상 경기장, 얼음 경기장
아이쿠치/아이꾸찌(匕首, あいくち)	비수
아이큐(영 IQ)	지능 지수
아이템(영 item)	항목, 종목
아지(あじ)	전갱이, 매가리
아지트(러 agitpunkt)	거점
아카데믹하다(영 academic-)	학문적이다, 학술적이다
아카렌가/아까렌가(赤煉瓦, あかれんが)	붉은 벽돌, 빨강벽돌
아카보/아까보(赤帽, あかぼう)	짐꾼
아카지/아까지(赤字, あかじ)	①손해, 결손, 적자 ②(인쇄)교정지, 준지, 주서
아키바레/아끼바레(秋晴, あきばれ)	추청(秋晴)벼
아타라시/아다라시(新, あたらしい)	새것
아타리/아다리(當, あたり)	①맞음, 적중, 때맞이 ②(바둑)단수 ③(낚시)입질
아트(영 art)	미술, 예술
아티스트(영 artist)	미술가, 예술가
악세사리(アクセサリー, 영 accessory)	장식물, 노리개, 치렛감
안전벨트(영 belt)	안전띠
알레르기(독 Allergie)	과민/거부 반응
알리바이(영 alibi)	현장 부재증명
알밤/앨범(アルバム, 영 album)	사진첩
압맥(押麥)	납작보리
압수(押收, おうしゅう)	거둬감, 잡아둠
앙상블(프 ensemble)	①어울림, 조화, 통일, 한 벌 ②(음악)중주, 합주 ③(연극)전체효과

순화 대상(말밑)	순화어
앙케트(프 enquéte)	설문, 설문조사, 여론물음
앙코르(프 encore)	재청
앙코르송(영 encore song)	재청곡
애드리브(영 ad lib)	즉흥성
애드벌룬(영 ad balloon)	대형풍선, 기구(氣球)
애자(碍子, がいし)	(전기)뚱딴지
애프터서비스/아프터서비스 (영 after service)	뒷시중, 뒷관리, 뒷봉사
액세서리(영 accessory)	장식품, 장식물, 노리개, 치렛감
액션(영 action)	동작, 행위
액션드라마(영 action drama)	활극
앰뷸런스(영 ambulance)	구급차, 응급차
앵커(영 anchor man)	뉴스진행자, 진행자
야나기(柳, やなぎ)	버드나무, 버들
야도(夜盜, やとう)	도둑
야마(山, やま)	①산, 두둑, 무더기 ②나사등 ③(인쇄)중간막이 ④(경제)꼭대기
야마시(山師, やまし)	속임수, 사기
야맹증(夜盲症, やもうしょう)	밤소경(병)
야미(闇, やみ)	뒷거래
야스리(鑢, やすり)	줄
야식(夜食)	밤참
야지(やじ)	야유, 놀려대기, 빈정거림
야키/야끼(燒き)	구이
야키만두/야끼만두(燒饅頭, やきまんじゅう)	군만두
야키이모/야끼이모(燒芋, やきいも)	군고구마
양갱(羊羹)	단팥묵
양식(樣式, ようしき)	본새, 서식
어드바이스(영 advice)	도움말, 충고
어드벤처(영 adventure)	모험
어분(魚粉, ぎょふん)	생선 가루
어시스트(영 assist)	뒷받침, 도움

순화 대상(말밑)	순화어
어필하다(영 appeal-)	①호소하다, 맘끌다, 맘끌기하다 ②(체육)항의하다, 이의제기하다
언더그라운드(영 underground)	장외, 지하
언더테이블머니(영 undertable money)	뒷돈
언도(言渡, いいわたし)	선고
언밸런스(영 unbalance)	불균형, 부조화
업그레이드(영 upgrade)	수준높임, 높임, 급수높임
에그샌드위치(영 egg sandwich)	달걀 샌드위치
에러(영 error)	잘못, 실수, 실책
에로틱하다(영 erotic-)	선정적이다, 성적이다
에리(襟, えり)	깃
에비(蝦, えび)	새우
에세이(영 essay)	수필, 논문
에스컬레이터(영 escalator)	전동 계단
에이스(영 ace)	①최고의 ②(야구)기둥 투수, 주전 투수
에이에스(영 A/S)	뒷시중
에이프런(영 apron)	앞치마
에코(영 echo)	메아리
에키스/엑기스(越幾斯, エキス, 네 extract)	진액
에티켓(프 étiquette)	예절
에프롱/에이프런(エプロン, 영 apron)	①앞치마 ②(해운)부두뜰
에피소드(영 episode)	일화, 숨은 이야기
엑스터시(영 ecstasy)	황홀감
엑스트라/엑스트러(영 extra)	조역, 임시 배우, 곁다리
엔고(円高, えんだか)	엔화 상승
엔코/엥꼬(えんこ)	다 떨어짐, 바닥(남)
엔트리(영 entry)	참가자, 참가자 명단
엘리베이터(영 elevator)	승강기, 전동 승강기
엘리트(영 elite)	우수 인재, 정예
엠티(영 MT)	수련 모임, 어울 모임
역할(役割, やくわり)	구실, 노릇
연와(煉瓦, れんが)	벽돌
염료(染料, せんりょう)	물감

순화 대상(말밑)	순화어
염장무무침(鹽藏-)	짠지 무침
염장미역(鹽藏-)	간미역
엽연초(葉煙草, はタバコ, 포 -tabaco)	잎담배
오나/오너(オーナー, 영 owner)	소유주, 소유자, 임자
오너드라이버(영 owner driver)	손수 운전자
오다(オーダー, 영 order)	지시, 청구, 주문
오뎅(おでん)	꼬치안주
오도리(踊, おどり)	산새우
오디션(영 audition)	실기 검사, 실연 심사/검사
오리엔테이션(영 orientation)	새내기 맞이
오리지널(영 original)	①본, 원본, 원판, 원형 ②창작
오리지널하다(영 original-)	독창적이다
오바(オバコート, 영 overcoat)	외투
오바/오오바(大羽)	큰 멸치
오본/오봉(御盆, おぼん)	쟁반
오비(帶, おび)	(체육)띠, 허릿단
오사마리(收, おさまり)	끝맺음, 마무리
오삽(大-, おお-)	큰 삽
오시이레(押入, おしいれ)	반침(半寢)
오시핀(押ピン, おしピン, 영 -pin)	납작못
오야(親, 爺, おや)	우두머리, 계주
오야붕(親分, おやぶん)	우두머리, 두목, 책임자
오야지(親父, 親爺, おやじ)	우두머리, 책임자, 어른
오지(奧地, おくち)	두메산골
오차(お茶, おちゃ)	차
오카네/오까네(お金, おかね)	돈
오코시/오꼬시(粔/興, おこし)	밥풀과자
오파/오퍼(オファー, 영 offer)	신청, 제공
오프너(영 opener)	병따개
오픈하다(영 open-)	개업하다, 열다, 개시하다, 공개하다
오피스(영 office)	사무소
오피스 레이디(영 office lady)	사무직 여성
오피스빌딩(영 office building)	사무용 건물
오피스텔(영 office hotel)	(주거) 겸용 사무실

순화 대상(말밑)	순화어
옥도정기(沃度丁幾, ヨードチンキ, 독 Jodtinktur)	요오드물약
온라인(영 on-line)	(공동) 전산망
옴니버스(영 omnibus)	엮음, 복합
옵서버(영 observer)	참관인
와리(割, わり)	구문
와리바시(割箸, わりばし)	나무젓가락
와리쓰케/와리쓰께(割付, わりつけ)	(인쇄)매김질, 벼름
와리칸/와리깡(割勘, わりかん)	추렴, 나눠내기, 각자부담
와사비(山葵, わさび)	고추냉이
와이로(賄賂, わいろ)	뇌물
와이프(영 wife)	아내, 집사람
와인(영 wine)	포도주
와일드하다(영 wild-)	거칠다
와쿠/와꾸(わく)	테, 틀
요깡(洋羹, ようかん)	단묵, 단팥묵
요비린/요비링(呼鈴, よびリン, 영 -ring)	초인종
요지/요오지(楊枝, ようじ)	이쑤시개
요코/요꼬(橫, よこ)	가로, (인쇄)가로
우나기(鰻, うなぎ)	(뱀)장어
우니(雲丹, うに)	성게젓
우동(饂飩, うどん)	가락국수
우라(裏, うら)	안(감)
우라가에/우라까이(裏返, うらがえし)	뒤집(어짓)기
우메보시(梅干, うめぼし)	매실, 매실절임
우와기(上著, 上衣, うわぎ)	윗도리, 상의, (양복)저고리
우육(牛肉)	쇠고기
우지(牛脂)	쇠기름
우키/우끼(浮, うき)	(낚시)찌, 띄우개, 뜰 것
운짱(運-, うんちゃん)	운전 기사, 운전사
워밍업(영 warming-up)	몸풀기, 준비운동, 예비운동
워카(ウォーカー, 영 walker)	군화
워크숍(영 workshop)	공동 연수/수련
원족(遠足, えんそく)	소풍
월부(月賦, げっぷ)	달붓기, 달벼름

순화 대상(말밑)	순화어
월부금(月賦金, げっぷきん)	달돈
웨딩드레스(영 wedding dress)	혼례복, 신부예복
웨이브(영 wave)	굽슬결, 흐름결
위트(영 wit)	재치, 기지
유니섹스(영 unisex)	남녀 공용
유루미(弛, ゆるみ)	느슨(함)
유머(영 humour)	익살, 해학, 우스개
유머센스(영 humour sense)	익살끼
유탄포/유담뿌(湯湯婆, ゆたんぽ)	자라통
유토리/유도리(ゆとり)	여유
유휴지(遊休地, ゆうきゅうち)	노는 땅, 묶는 땅
육(肉)	고기, 살코기
육교(陸橋, りっきょう)	구름다리
음용수(飮用水)	마실 물
이니셔티브(영 initiative)	주도권, 앞 수 쓰기
이니셜(영 initial)	머릿자
이당(飴糖)	검은엿, 엿
이데올로기(독 ideology)	관념형태, 이념, 이상
이로모노(色物)	(수산)색(깔)고기
이미지(영 image)	인상, 심상
이미테이션(영 imitation)	흉내, 모조, 모조품
이벤트(영 event)	행사
이부가리/니브가리(二分刈, にぶがり)	두푼 깎기, 두푼 머리, 덧빗대기, 이푼 깎기
이서(裏書, うらがき)	뒷보증
이슈(영 issue)	논쟁거리, 쟁점, 논점
이치부/이찌부(一分, いちぶ)	한 푼
이타/이다(板, いた)	널빤지, 판자
인덱스(영 index)	찾아보기
인센티브(영 incentive)	끌림 수, 유인책
인스턴트(영 instant)	즉석(식품)
인스턴트식품(영 instant食品)	즉석 식품
인터내셔널(영 international)	국제, 국제적
인터뷰(영 interview)	회견, 면접
인터체인지(영 interchange)	입체 나들목

순화 대상(말밑)	순화어
인턴사원(영 intern社員)	실습사원
인테리어(영 interior)	실내 꾸밈
인텔리전트하다(영 intelligent-)	지성적이다
인프레/인플레이션(インフレ, 영 inflation)	물가오름세, 통화팽창
일부(日賦, にっぷ)	날붓기, 날벼름
일부(日附, ひづけ)	날짜
일부인(日附印, ひづけいん)	날짜 도장
일착(一着, いっちゃく)	한 벌
임차(賃借, ちんがり)	세 냄
입간판(立看板, たてかんばん)	세움 간판, 선 간판
입방메타(立方米, りっぽうメートル, 영 -meter)	입방미터, 세제곱미터(㎥)
입장(立場, たちば)	처지
입체(立替, たてかえ)	뀌어 줌, 대신 냄
입하(入荷, にゅうか)	들어옴, 들여옴
잇파이/입빠이(一杯, いっぱい)	가득, 한껏, 가득들이
자바라(蛇腹, じゃばら)	주름상자, 주름대롱, 주름줄, 주름문
자부돈/자부동(座布團, ざぶとん)	방석
자왕무시(일 茶碗蒸)	계란찜
잔고(殘高, ざんだか)	남은 돈, 나머지
잣쿠/자꾸(チャック, 영 chuck)	지네단추
장르(프 genre)	분야, 갈래, 유형
재킷(영 jacket)	웃옷
저널(영 journal)	언론
저널리스트(영 journalist)	신문인, 신문잡지기자, 언론인
저널리즘(영 journalism)	언론, 신문잡지풍
저인망(底引網, そこびきあみ)	쓰레 그물
적조(赤潮, あかしお)	붉은 조류
전기고테(電氣こて, でんきこて)	전기인두(질)
전기다마(電氣たま, でんきたま)	전구
전도(前渡, まえわたし)	미리 건넴, 미리 치름, 앞치름
전병(煎餠)	부꾸미

순화 대상(말밑)	순화어
전분(澱粉)	녹말
전화다이(電話臺, でんわだい)	전화 받침(대)
절수(節水, せっすい)	물 아끼기, 물 절약
절취(切取, きりとり)	자름, 자르기
점프하다(영 jump-)	뛰다, 도약하다, 뛰어오르다
정맥(精麥)	대낀보리, 보리쌀
정육(精肉)	살코기
제로베이스(영 zero-base)	원점, 원점 기준
제스처(영 gesture)	몸짓, 손짓
제육(猪肉)	돼지고기
제육볶음(猪肉-)	돼지고기 볶음
제탕(薺湯)	냉잇국
조간/쪼강(象嵌, ぞうがん)	홈메움, 상감
조깅(영 jogging)	건강 달리기
조끼(チョッキ, 영 jug)	잔
조로(如雨露, ジョウロ, 포 jorro)	물뿌리개
조미료(調味料)	양념, 맛난이
조반(朝飯)	아침밥
조시(調子, ちょうし)	①상태, 형편 ②가락, 장단
조식(朝食)	아침밥
조인트(영 joint)	합동, 이음매
조크(영 joke)	우스개, 농담, 농
주니어(영 junior)	청소년, 중급자
주바(中羽)	중간멸치
준강력분(準强力粉)	덜 차진 밀가루
중매인(仲買人, なかがいにん)	거간, 거간꾼
중식(中食)	점심
중절모자(中折帽子, なかおれぼうし)	우묵모자
지라시/찌라시(散, ちらし)	①전단, 광고지 ②(미용)흩임머리
지리가미(塵紙, ちりがみ)	수지, 씻개, 휴지
지분(持分, もちぶん)	몫
지입(持込, もちこみ)	가지고 들기, 갖고 들기
지지미(縮, ちぢみ)	쫄쫄이
진체(振替, ふりかえ)	대체(代替), 바꾸기

순화 대상(말밑)	순화어
진파/찐빠(跛, ちんば)	①절름발이 ②짝짝이(봉제)
짓쿠/지꾸(チック, 프 cosmétique)	머리크림
징크스(영 jinx)	액(厄), 불길한/재수 없는 일
짬뽕(중 攙烹, ちゃんぽん)	①초마면 ②뒤섞기
차압(差押, さしおさえ)	압류
차입(差入, さしいれ)	넣어 줌
차출(差出, さしだし)	내보냄, 뽑아냄
차트(영 chart)	(순위) 도표, 그림표, 걸그림
찬스(영 chance)	기회
참치라이스(영 -rice)	참치밥
채두(菜豆)	강낭콩
챔피언(영 champion)	으뜸이, 선수권자, 우승자
천연두(天然痘, てんねんとう)	마마
청부(請負, うけおい)	도급
체인(영 chain)	①연쇄 ②사슬, 쇠사슬
체인점(영 chain店)	연쇄점
체크(영 check)	①점검, 대조 ②꺾자표
추리닝(チュレーニング, 영 training)	연습복, 운동복
추월(追越, おいこし)	앞지르기
출산(出産, しゅっさん)	해산
출산율(出産率, しゅっさんりつ)	출생률
출찰구(出札口, しゅっさつぐち)	표 사는 곳
출하(出荷, しゅっか)	실어내기
취소(取消, とりけし)	지움, 무름
치킨(영 chicken)	닭튀김
침목(枕木, まくらぎ)	①괸목 ②베개 목
카드(영 card)	표, 방안
카리스마(영 charisma)	권위
카부(カブ, 영 curve)	굽이, 굽이길
카운터(영 counter)	①계산대 ②계산기, 셈틀
카운트다운(영 countdown)	초읽기
카탈로그/캐털로그(영 catalogue)	목록, 일람표, 상품 안내서
카테고리(영 category)	범주, 부류, 테두리
카트라인(영 cut line)	끊은 금, 최저선, 합격선

순화 대상(말밑)	순화어
카페(프 café)	찻집, 술집
카펫(영 carpet)	양탄자
카 폰(영 car phone)	차 전화 (버스)
카풀(영 car pool)	함께 타기
카피라이터(영 copywriter)	광고작가
칵테일(영 cocktail)	섞음 술
칼라(영 collar)	깃, 옷깃
칼럼(영 column)	시사평론, 시평, 기고란
칼럼니스트(영 columnist)	시사평론가, 특별기고가
칼로리(영 calorie)	열량 (음식)
캄푸라지(カモフラージュ, 프 camouflage)	거짓 꾸밈, 위장
캇와리(カット割, カットわり, 영 cut-)	커트 나누기
캐리어우먼(영 carrier woman)	전문직 여성
캐릭터(영 character)	①개성, 성격 ②개성 인물
캐비아(영 caviar)	철갑상어 알
캐비지(영 cabbage)	양배추
캐스터(영 caster)	진행자
캐스트(영 cast)	배역
캐스팅보트(영 casting vote)	결정권
캐주얼(영 casual wear)	편한 차림
캐치프레이즈(영 catchphrase)	구호
캔(영 can)	깡통
캔디(영 candy)	사탕
캘린더(영 calendar)	달력, 일력
캠퍼스(영 campus)	학교 울안, 교정
캠페인(영 campaign)	(계몽) 운동/홍보
캠프(영 camp)	야영(지/막사), 기지
캡(영 cap)	모자, 뚜껑, 마개
캬브레타/카뷰레터(キャブレター, 영 carburetor)	기화기(氣化器)
커닝(영 cunning)	부정행위, 훔쳐보기
커리큘럼(영 curriculum)	교육 과정
커뮤니케이션(영 communication)	의사소통, 소통
커미션(영 commission)	구문, 소개비

순화 대상(말밑)	순화어
커버(영 cover)	씌우개, 덮개, 가리개, 막기 (배구) 뒷받침, 받쳐줌
커버스토리(영 cover story)	표지 이야기
커버하다(영 cover-)	감싸다, 망라하다, 가리다, 막다, 받쳐주다
커트하다(영 cut-)	끊다, 자르다, 중지하다
커플(영 couple)	쌍, 짝
컨디션(영 condition)	상태, 조건, 형편
컨트롤하다(영 control-)	통제하다, 조절하다
컨트리풍(영 country風)	시골풍, 전원풍
컬러(영 color)	빛깔, 색채, 천연색
컬러 센스(영 color sense)	색채 느낌
컬러 악센트(영 color accent)	색채 효과
컬러매치(영 color match)	색 맞춤, 색 맞추기
컬러패스트(영 colorfast)	바래지 않는
컬러플하다(영 colorful-)	다채롭다
컬렉션(영 collection)	모음, 모으기, 수집, 수집품
컴백하다(영 comeback-)	되돌아오다
컷(영 cut)	①장면<영화> ②삽화<인쇄>
케이스(영 case)	①경우, 사례 ②갑, 상자, 집
코너(영 corner)	모퉁이, 구석, 귀퉁이
코디네이션(영 coordination)	조합
코디네이터(영 coornater)	차림도움이, 입성도움이
코멘트(영 comment)	한 말씀, 논평, 비평, 설명, 왈가왈부
코뮈니케(프 communiqué)	성명, 성명서, 밝힌 글
코미디(영 comedy)	희극
코미디언(영 comedian)	희극인, 희극 배우
코믹터치(영 comic touch)	익살풍, 희극적 기법
코스(영 course)	과정, (‥) 길
코스트(영 cost)	든 값, 원 값
코즈메틱(영 cosmetic)	화장품
코즈모폴리턴/코스모폴리탄 (영 cosmopolitan)	세계주의자
코트(영 coat)	외투

순화 대상(말밑)	순화어
코트(영 court)	운동장, 경기장
코튼(영 cotton)	솜, 면(綿)
코팅(영 coating)	투명 씌움
콘서트(영 concert)	음악회, 연주회
콘테스트(영 contest)	겨룸, 겨루기, 경연, 대회
콤비(영 combination)	①짝, 단짝 ②배합, 조합
콤팩트(영 compact)	①압축, 간편 ②분첩, 거울첩
콤플렉스(영 complex)	①열등감, 욕구 불만, 강박관념 ②합성물, 복합체
쿠숑/쿠션(クッション, 영 cushion)	①허리받이, 푹신개, 등베개 ②완충 작용
쿠키(영 cookie)	과자
쿠킹센스(영 cooking sense)	요리감각
쿠폰(영 coupon)	교환권, 물표
쿼터(영 quarter)	(수출입) 한도량/배당량
크레디트카드(영 credit card)	신용카드
크리스털 컵(영 crystal cup)	수정잔
클래식(영 classic)	고전적인, 고풍의
클레임(영 claim)	배상 청구
클로즈업(영 close-up)	부각, 확대, 돋보이기
클리닉(영 clinic)	진료실, 진료소
클리닝(영 cleaning)	빨래, 세탁
타깃(영 target)	중심, 목표, 표적
타부(タブー, 영 taboo)	금기, 터부
타운(영 town)	구역, 마을, 동네
타운웨어(영 town wear)	나들이옷
타월(영 towel)	수건
타이머(영 timer)	시간 기록기, 시간 조절기, 때맞추개
타이밍(영 timing)	때, 때맞추기
타이트하다(영 tight-)	빠듯하다, 팽팽하다, 꽉끼다
타이틀(영 title)	①제목, 표제 ②자막
타이틀곡(영 title曲)	주제곡
타임머신(영 time machine)	초시간 여행선
타입(영 type)	유형, 모양, 생김새

순화 대상(말밑)	순화어
타치/터치(タッチ, 영 touch)	닿기, 손댐, 건드림
터널(영 tunnel)	굴
터미널(영 terminal)	종점, 정류장
터치감(영 touch感)	촉감, 감촉
테러(영 terror)	폭력, 폭행
테마(독 Thema)	주제
테스트(영 test)	검사, 시험
테이블(영 table)	①상, 책상 ②밥상, 식탁
테이블 세팅(영 table setting)	상차림
테이블 클로스(영 table cloth)	식탁보, 상보
테이프(영 tape)	띠, 띠줄
테크너크랫(영 technocrat)	기술 관료
테크놀로지(영 technology)	기술
테크닉(영 technique)	솜씨, 기교, 기법, 수법, 기술
텍스트(영 text)	원전, 글
텐트(영 tent)	천막
텔레마케팅(영 telemarketing)	통신 판매, 원거리 판매
텔레파시(영 telepathy)	정신 감응, 영감
템포(이 tempo)	빠르기, 속도, 박자
토너먼트(영 tournament)	승자진출전 (경기)
토들러(영 toddler)	아장이, 어린아이
토스트(영 toast)	구운 빵
토큰/토컨(영 token)	버스표, 승차표, 차표
토털솔루션(영 total solution)	종합 해결책
토털패션(영 total fashion)	모듬 맵시
톨게이트(영 tollgate)	요금소, 표사는 곳, 통관문
톱스타(영 top star)	인기 연예인, 일류 배우, 인기인
톱클래스(영 top class)	정상급
투망(投網, とあみ)	던짐 그물, 쟁이
투매(投賣, なげうり)	막팔기, 막 넘기기
투어(영 tour)	관광 여행
투어 콘서트(영 tour concert)	순회 공연
투웨이(영 two-way)	쌍방적, 상호적
튜닝(영 tuning)	조율, 조절

순화 대상(말밑)	순화어
트러디셔널하다(영 traditional-)	전통적이다
트러블(영 trouble)	말썽, 옥신각신, 불화
트렁크(영 trunk)	①짐 가방, 큰 가방, 여행용 가방 ②짐칸, 화물칸
트레이너(영 trainer)	훈련사, 조련사, 조교사
트레이닝(영 training)	훈련, 연습, 교련, 수양, 단련
트레이닝복(영 training服)	연습복, 운동복, 훈련복
트레킹(영 trekking)	걷기 여행
트로이카(러 troika)	삼두마차
트릭(영 trick)	속임수
티 테이블(영 tea table)	찻상
티슈(영 tissue)	화장지
티켓(영 ticket)	표, 권
티타임(영 teatime)	휴식 시간
팀(영 team)	패, 편, 조
팀워크/팀웍(영 teamwork)	협동, 어우리, (편)짜임새
팁(영 tip)	봉사료, 수고 삯
파스텔컬러(영 pastel color)	은은한 색조
파워(영 power)	힘, 권력
파워게임(영 power game)	힘겨루기, 힘다투기
파워풀하다(영 powerful-)	힘차다, 세차다
파이팅/화이팅(영 fighting)	힘내자, 힘내라
파이프(영 pipe)	①대, 대롱, 관 ②물부리 ③피리, 관악기 ④울대, 통 ⑤담뱃대
파트너(영 partner)	협조자, 짝, 동료
파트타임(영 part time)	시간제, 시간 품
파티(영 party)	잔치, 연회, 모임
파티 웨어(영 party wear)	잔치옷, 연회복
파티장(영 party場)	연회장, 잔치 자리
팡파르(프 fanfare)	축하 연주, 환영 음악, 축하곡, 경축 나팔
패러다임(영 paradigm)	틀
패류(貝類)	조개류, 조개무리
패셔너블하다(영 fashionable-)	멋지다, 맵시 있다
패션(영 fashion)	최신 유행, 옷맵시

순화 대상(말밑)	순화어
패션스타일(영 fashion style)	(유행) 맵시／옷차림
패스트푸드(영 fast-food)	즉석식, 즉석 먹거리
패스하다(영 pass-)	①건네다 ②지나다, 통과하다, 합격하다
패키지(영 package)	짐, 포장, 묶음
패키지 여행(영 package 旅行)	한 묶음(여행)
패턴(영 pattern)	본새, 틀, 모형, 유형, 본
팬(영 fan)	애호가, 따름이
팬레터(영 fan letter)	애호가 편지
팬시점(영 fancy 店)	선물 가게
팸플릿/팜플렛/팜플레트(영 pamphlet)	소책자, 작은 책자
퍼니처(영 furniture)	가구
퍼레이드(영 parade)	행진
퍼스낼리티(영 personality)	사람됨, 성격
퍼즐(영 puzzle)	짜맞추기, 알아맞히기, 수수께끼
퍼포먼스 예술(영 performance 藝術)	행위 예술
펀드(영 fund)	밑돈, 밑천, 기금
펑크나다(영 puncture-)	어기다, 무산되다, 구멍(나다／터지다)
페스티벌(영 festival)	축전, 큰 잔치
페어하다(영 fair-)	공정하다, 정당하다, 깨끗하다
페이지(영 page)	쪽, 면
페치카(러 pechka)	벽난로
평영(平泳, ひらおよぎ)	개구리헤엄
포럼(영 forum)	공개 토론회
포르노(영 pornograph)	외설 (소설)
포맷/포매트(영 format)	양식, 체제, 구성, 틀잡이
포스터(영 poster)	광고용 도화, 광고지, 알림 그림
포스트(영 post)	①우편 ②자리, 위치, 부서 ③푯말, 장대
포인트(영 point)	①점, 요점, 점수 ②노른자위, 최적지점 ③강조점

순화 대상(말밑)	순화어
포즈(영 pose)	몸가짐, 자세, 태도
포지션(영 position)	자리, 지위
포커스(영 focus)	초점(촛점)
포켓(영 pocket)	주머니, 호주머니
포터블(영 portable)	휴대용
포테이토/퍼테이토 (영 french fried potato)	튀긴 감자, 감자 튀김, 감자
포테이토샐러드(영 potato salad)	감자 무침
포토저널리스트(영 photojournalist)	사진기자
폼(영 form)	형식, 양식, 모양, 몸매, 자세, 자태
풀서비스(영 full service)	갖춘 봉사
풀스토리(영 full story)	(온) 내력, 전체 이야기
프라이/후라이(영 fry)	튀김
프라이드(영 pride)	긍지, 자부심, 자랑
프라이드에그(영 fried egg)	계란 부침, 달걀 전
프라이드치킨(영 fried chicken)	닭튀김
프라이드포테이토(영 french fried potato)	튀긴 감자, 감자 튀김
프라이버시(영 privacy)	사삿일, 사생활, 자기 생활
프라이팬/후라이팬(영 frying pan)	튀김판, 지짐판
프라임시간대(영 prime時間帶)	황금시간대
프락치(러 fraktsiya)	끄나풀, 첩자
프랜차이즈(영 franchise)	지역 갈라 맡기
프레시하다(영 fresh-)	싱싱하다
프로(영 professional)	①전문인, 전문가 ②직업적
프로그램(영 program)	계획표, 차례표, 예정표, 식순
프로덕션(영 production)	제작소
프로모션(영 promotion)	흥행사
프로젝트(영 project)	일감, 연구과제
프로포즈(영 propose)	제안, 청혼
프로필(영 profile)	인물 소개, 인물평, 윤곽, 옆모습
프리랜서(영 free-lancer)	비전속(인), 자유 계약자/활동가/기고가
프리미엄(영 premium)	웃돈, 덤, 기득권
프리뷰(영 preview)	미리보기, 시사회

순화 대상(말밑)	순화어
플래시/플래쉬(영 flash)	번쩌기, 섬광, 손전등
플래카드(영 placrd)	알림막
플랜(영 plan)	계획
피날레(이 finale)	마지막, 마무리
피맥(皮麥)	겉보리
피백(皮栢)	겉잣
피잣(皮-)	겉잣
피켓(영 picket)	손팻말
피크(영 peak)	한창, 절정
피크닉(영 picnic)	들놀이, 산놀이, 소풍
픽션(영 fiction)	허구
핀트(네 brandpunt)	초점, 요점
필터(영 filter)	진막이, 거르개, 여과지
하대두(夏大豆)	여름콩
하루나(春菜, はるな)	왜갓, 유채
하리핀(針-, はりピピン, 영 -pin)	바늘못
하명(下命, かめい)	명령, 지시
하물(荷物, にもつ)	짐
하바(幅, はば)	너비, 폭, 나비
하부차(波布茶, はぶちゃ)	결명차
하시(箸, はし)	젓가락
하시라(柱, はしら)	①(건축)기둥 ②(인쇄)윗주, 머리잡이
하이라이트(영 highlight)	강조, 주요부분, 명장면
하이레벨(영 high-level)	높은 수준
하이테크(영 high-tech)	고급 기술, 첨단(기술)
하이틴(영 high teen)	청소년, 십대
하이패션(영 high fashion)	고급차림
하주(荷主, にぬし)	짐 임자
하중(荷重, かじゅう)	짐무게
하치모리/하찌모리(일 鉢盛)	모듬요리
하치부/하찌부(八分, はちぶ)	팔 푼
하코/하꼬(箱, はこ)	상자, 갑, 곽, 궤짝
하코방/하꼬방(箱房, はこ-)	판잣집
하코비/하꼬비(運, はこび)	나름이

순화 대상(말밑)	순화어
한소데(半袖, はんそで)	반소매
한쓰봉(半ズボン, はんズボン, 프 -jupon)	반바지
한천(寒天, かんてん)	우뭇가사리, 우무
한카치/항카치(ハンカチ, 영 handkerchief)	손수건
한파/한빠(半端, はんぱ)	①우수리, 덜들이 ②보조원
할증료(割增料, わりましりょう)	웃돈, 추가금
함마/해머(ハンマー, 영 hammer)	큰 망치, 쇠망치,
함바(飯場, はんば)	현장 식당
핫이슈(영 hot issue)	뜨거운 쟁점
해태(海苔)	김
해프닝(영 happening)	웃음거리, 우발사건
핸디캡(영 handicap)	불리한 조건, 단점, 약점, 흠, 결점
핸섬하다(영 handsome-)	말쑥하다, 멋있다
행선지(行先地, ゆきさき-)	갈 곳, 가는 곳, 목적지
향신료(香辛料)	향내양념
허니문(영 honeymoon)	신혼
허스키(영 huskey)	탁한 목소리, 쉰 목소리
헤게모니(독 Hegemonie)	주도권, 세력
헤드라인(영 headline)	표제, 머릿기사
헤라(篦, へら)	(구ent)주걱
헤베/헤이베이(平方米, へいほうメートル, へべ)	제곱미터(m^2), 평방미터
헤어드라이어(영 hair drier)	머리 말리개
헤어밴드(영 hair band)	머리띠
헤어스타일(영 hair style)	머리 맵시, 머리 모양
헬스클럽(영 health club)	건강방, 체력 단련방, 몸가꿈방
호과(胡瓜)	오이
호꾸/호크(ホック, 네 hock, 영 hook)	깍지단추, 똑딱단추
호도(胡桃)	호두
호로(幌, ほろ)	휘장, 포장
호리가타/호리가따(堀型, ほりがた)	골파기, 터파기
호리꾼(堀-, ほり-)	도굴꾼
호마(胡麻)	참깨

순화 대상(말밑)	순화어
호마유(胡麻油)	참기름
호맥(胡麥)	호밀
호스(영 hose)	대롱 줄, 대롱 관
호열자(虎列刺, コレラ, 네 cholera)	괴질, 콜레라
호조(好調, こうちょう)	①좋은 가락새 ②(경제) 오를 기세
호출(呼出, よびだし)	부름, 불러냄
혼다테/혼다데(本立, ほんたて)	책꽂이
홈/플랫폼(プラットホーム, 영 platform)	타는 곳
홈뱅킹(영 home banking)	집은행 거래
홈커밍데이(영 home-coming day)	재상봉일
홈패션(영 home fashion)	①집치레, 집 가꾸기, 집치장 ②집안 옷차림
홍저(紅菹)	깍두기
화이바(ファイバー, 영 fiber)	안전모
활어(活魚)	산(물)고기
회람(回覽, かいらん)	돌려보기
후다(札, ふだ)	조각, 패, 쪽지
후드(영 hood)	덮개, 걸치개
후라이(フライ, 영 fry)	①튀김, 부침 ②거짓말
후로쿠/후로꾸(ふろく)	엉터리
후미키리/후미끼리(踏切, ふみきり)	건널목
후불(後拂, あとばらい)	나중 치름, 뒤 치름
후안/후앙(ファン, 영 fan)	①환풍기 ②송풍기
후카시/후까시(ふかし)	부풀이, 부풀머리
후쿠로/후꾸로(袋, ふくろ)	주머니, 자루
후키(吹, ふき)	뿜질, 분무기
훅(영 hook)	①(갈)고리 ②(권투)휘어치기
휴머니즘(영 humanism)	①인도주의, 인간주의, 인본주의 ②인간학, 인문학
휴머니티(영 humanity)	인간성, 인간미, 인간애, 인류애
흑대두(黑大豆)	검정콩
흑두(黑豆)	검정팥
흑태(黑太)	검정콩

순화 대상(말밑)	순화어
흑판(黑板, こくばん)	칠판
흑호마(黑胡麻)	검정깨
히네리(捻, ひねり)	(당구)틀어치기
히든카드(영 hidden card)	숨긴 패, 비책
히사시(庇, ひさし)	차양
히야무기(冷麥)	냉국수
히야시/시야시(冷, ひやし)	차게 하기
히야카시/히야까시(冷, ひやかし)	희롱, 놀리기
히키/삐끼(引, ひき)	(당구)끌기
히트(영 hit)	(야구)안타
히트하다(영 hit-)	적중하다, 들어맞다
힌트(영 hint)	귀띔, 뚱김, 실마리, 도움말

국어순화정책 I

값 15,000원

2014년 7월 9일 인쇄
2014년 7월 17일 발행

엮은 데 사단법인 **국어순화추진회**

펴낸 데 **세종학연구원**
서울특별시 마포구 동교동 201-50
등록번호 : 제313-2007-000053호
등록일 : 2007. 2. 27
전화 : 02-326-0221
팩스 : 02-326-0178
전자우편 : sejongpress@gmail.com

편집 : 박은화, 표은성, 윤미영

인쇄 : (주)신영프린팅

이 논문집은 **한글재단**과 **세종학연구원**의 지원을 받아 만들었습니다.

ISBN 978-89-959405-6-3 94700
ISBN 978-89-959405-7-0 (세트)